Die Autorin und Illustratorin des Buches

Angela Schäfer begeistert mit ihrem ersten Buch „Die heilende Kraft des Dankens" seit Jahren Tausende von Lesern. Wie zahlreiche Rückmeldungen zeigen, durfte sie damit bereits vielen Menschen helfen, ihre Lebensbereiche glückbringend zu heilen. Mit ihren Büchern möchte sie die Herzen der Menschen für Gottes Liebe öffnen und Glück und Frieden in deren Leben bringen.

ANGELA SCHÄFER

Die 3D-Methode☆ für dein Glück

Band 1:
DeMut im Herzen

Drei Grazien Verlag

Hinweis der Autorin
Alle Geschichten in diesem Buch sind wahre Erlebnisse. Die Namen der Personen wurden zum Teil geändert, um ihre Privatsphäre zu schützen. Die Bibelzitate stammen, falls nicht anders vermerkt, aus der Bibel nach Martin Luthers Übersetzung, aus der Heiligen Schrift nach der Übersetzung Martin Luthers, aus der Heiligen Schrift – illustriert mit Bildern von Marc Chagall, aus der Bibel „Hoffnung für alle" und aus der Guten Nachricht des Alten und Neuen Testaments. Das Evangelium des vollkommenen Lebens, dem einige Zitate entnommen sind, ist laut Herausgeber ein ursprüngliches Evangelium aus dem ersten Jahrhundert, das aus dem aramäischen Urtext ins Englische und Deutsche übersetzt wurde.

Hinweis des Verlags
Dieses Buch wurde mit viel Liebe für dich und dein höchstes Wohl geschrieben. Es will dich ermutigen, deine göttliche Größe zu leben, um dir und anderen Gutes zu tun. Aus rechtlichen Gründen muss dennoch darauf hingewiesen werden, dass jeder für sein Handeln selbst verantwortlich ist und weder der Autor noch der Verlag dafür die Verantwortung oder Haftung übernehmen. Dasselbe gilt für die Internetseiten, auf die in diesem Buch verwiesen ist: Für deren Inhalt sind ausschließlich die Betreiber dieser Webseiten verantwortlich.

Deutsche Originalausgabe
1. Auflage 2012
© Drei Grazien Verlag, Bad Aibling
Alle Rechte sind vorbehalten.
www.drei-grazien.de

Umschlaggestaltung und Coverbild: Angela Schäfer
Innenlayout, Satz und Illustrationen: Angela Schäfer
Druckvorbereitung: Fotoweitblick, Bad Aibling
Druck: Rapp-Druck GmbH, Flintsbach
ISBN 978-3-943803-00-6

Inhalt

Vorwort 15

Das Erfolgsrezept von Jesus Christus 19

Die **3D**-METHODE für dein Glück 27

DAS ERSTE **D** DEINES GLÜCKS:

DeMut im Herzen 31

- Der Mut zum Glücklichsein 37
- Geborgen sein in Gott 41
- Die Kunst, das Leben zu meistern 63
- Das Erkennen des eigenen Wertes 71
- Die Kraft, zu verzeihen 89
- Der Mut, ehrlich zu sein 97
- Die Gewissheit, sein Recht zu bekommen 103
- Der Weg zur unbekannten Lösung 115
- Die Kraft zum „Unschaffbaren" 171
- Die Macht Gottes in dir 191
- Das Tor zum Christusbewusstsein 217

Das Glück der Demut in Kürze 249

Vielen Dank an euch alle

Mein herzlicher Dank geht an alle, die dazu beigetragen haben, dass du, liebe Leserin, lieber Leser, dieses Buch jetzt in deinen Händen hältst – und ich danke dir, dass du es gerade liest.

❀ Den drei Verlagen Aquamarin Verlag (Grafing), Wilhelm Heyne Verlag (München) und Panamericana Editorial (Kolumbien) danke ich, dass sie mein erstes Buch „Die heilende Kraft des Dankens" einem großen Leserkreis zugänglich gemacht haben; dadurch kamen wunderbare Menschen in mein Leben, die es entscheidend geprägt haben:

❀ Auf meiner ersten Autorenlesung im Jahr 2006 durfte ich den Kunstmaler Michael kennenlernen, der mein engster Freund und Arbeitspartner wurde. *Im Jahr 2009 rettete er durch seinen unermüdlichen Einsatz mehrmals mein Leben, als ich am Darm, an der Leber, der Bauchspeicheldrüse und den Nieren schwer erkrankt und monatelang dem Tode nahe war. Ohne ihn wäre ich heute nicht mehr auf der Erde. Ohne ihn gäbe es nicht dieses Buch. Meine Heilung geschah auf außergewöhnliche Weise allein durch viele Gebete, Energieheilungen und Ernährungsumstellung. In Band 2 der Buchreihe „Die 3D-Methode für dein Glück" berichte ich ausführlich darüber.* Sehr danke ich Michael auch für die interessanten spirituellen Gespräche zum Thema dieses Buches, ebenso für seine unablässigen Ermutigungen, meinem göttlichen Auftrag zu folgen.

❀ Ein Christophorus auf meinem Weg ist auch mein lieber Leser Rudolf. Sein Leserbrief erreichte mich zu einem Zeitpunkt, als ich dachte, aufgrund äußerer Lebensumstände meine schriftstellerische Arbeit niederlegen zu müssen. Doch Rudolf zeigte mir, dass es viele Menschen gibt, die meine weiteren Bücher brauchen. Mit unvergleichlichem Einsatz hat er mich auf meinem göttlichen Weg gehalten und weitergeführt. Als treuer Freund unterstützt er mich seit Jahren auf ganz wunderbare Weise. Herzlichen Dank, lieber Rudolf!

❀ Von Herzen danke ich Ulrike und Josef für alles, was sie für mein erstes Buch bereits getan haben, und für das interessante Interview für dieses Buch, das im Kapitel „Der Weg zur unbekannten Lösung" zu finden ist.

❀ Mein ganz besonderer Dank gilt meiner lieben Leserfreundin aus dem Allgäu, mit der ich so gerne Gebetserfahrungen und spirituelle Erkenntnisse austausche und die mir durch ihre großzügige Unterstützung ermöglicht hat, dieses Buch zu veröffentlichen. Einem lieben Wort aus ihrem Munde hat dieses Buch auch seine Bilder zu verdanken; denn ursprünglich sollte es wie mein erstes Buch ein reines Textbuch werden. Doch weil ihr eine kleine Zeichnung von mir so gefiel – ich hatte ihr einen Brief geschrieben und eine kleine, lustige Gestalt als Selbstbildnis neben meine Unterschrift aufs Briefpapier gezeichnet –, dachte ich mir: „Ich könnte ja ein lustiges, kleines Bild auch in dieses Buch bringen, nur eines." Daraus wurden viele, weil ich entdeckte, dass mir das Illustrieren am Computer Spaß macht. Das PC-Programm dafür beherrschte ich anfangs noch nicht. Ich durfte es während des Zeichnens mit viel Engelhilfe lernen, zum Beispiel indem mich meine geistigen Freunde intuitiv an die richtige Stelle klicken ließen. Danke, liebe Engel!

❀ Sehr dankbar bin ich meiner geistigen Führung dafür, dass sie mir auch bei allen anderen PC-Angelegenheiten stets mit Rat und Tat zur Seite steht: Als vor wenigen Wochen mein betagter Computer unter der Last der großen Dateien, die ich beim Illustrieren erzeugte, in die Knie ging und abstürzte, ohne dies vorher anzukündigen, rettete der Himmel meine Arbeit, indem er zwei Sekunden zuvor laut in mein inneres Ohr rief: „Speichern!" Sofort drückte ich die entsprechende Tastenkombination zum Speichern der Datei und im nächsten Moment wurde der

Bildschirm schwarz. Als ich den Computer mit Gebet und Engelhilfe wieder zum Laufen brachte, war Gott sei Dank nichts verloren gegangen.

Es gab auch Tage, an denen sich der Computer überhaupt nicht hochfahren ließ, wenn ich dieses Buch weiterschreiben, setzen und illustrieren wollte. Meine Engel forderten mich dann jedes Mal auf, mich vor den PC zu setzen, meine Hände über ihn zu halten, göttliches Licht in ihn zu strahlen und dafür zu danken, dass „er einwandfrei funktioniert". Das half jedes Mal. Nach einigen Minuten lief plötzlich der Lüfter wieder einwandfrei und der PC fuhr hoch. Doch einmal nahm ich meine Hände zu früh weg, so dass der Computer nur kurz anlief, dann aber nicht weiter hochfuhr. „Warte noch", hörte ich meine Engel in diesem Moment rufen, „du musst noch weiterbeten, er braucht noch mehr Kraft!" Deshalb legte ich meine Hände wieder auf den PC und nach etwa einer weiteren Minute lief er plötzlich einwandfrei. Danke, liebe Engel, für eure Führung und Hilfe!

❁ Ganz besonders danke ich Jesus Christus, Vater-Mutter-Gott und allen göttlichen Wesen, die mir durch ihre Inspirationen und ihre geduldige, liebevolle Führung geholfen haben, die Texte für dieses Buch zu schreiben, und die mir die Kraft gaben, dieses Buchprojekt zu verwirklichen.

❁ Herzlich danke ich den vielen lieben Lesern meines ersten Buches, wie Andrea, Angelika, Birgit, Brigitte, Britta, Brunhilde, Dagmar, Elisabeth, Ernst, Evelyn, Florian, Gabriele, Helmut, Ina, Joachim, Johanna, Josef, Lucie-Christina, Marc, Marianne, Martina, Ralf, Regula, Rudolf, Sabine, Sonja, Steffi, Thea, Ulli, Ulrike, Ursula und den vielen anderen, die mich durch ihre begeisterten Leser-Kommentare und ihre Erlebnisberichte, wie wundervoll sich ihr Leben durch die Botschaften meines ersten Buches verändert hat, sehr motivieren, weitere Werke zu veröffentlichen.

❀ Auch allen lieben Menschen, die mir erlaubt haben, ihre Erlebnisse und Erfahrungen zu veröffentlichen, danke ich sehr; ich empfinde sie als eine große Bereicherung für dieses Buch.

❀ Ein großes Glück für dieses Buch sind auch die interessanten Gespräche zum Thema Leber- und Darmreinigung, die ich mit meiner Freundin Dagmar genau zum richtigen Zeitpunkt führen durfte: als ich das entsprechende Unterkapitel „Gesund mit sauberen Organen" im Kapitel „Der Weg zur unbekannten Lösung" schrieb. Dagmar ist Heilpraktikerin und Spezialistin auf dem Gebiet der Organreinigung. Danke für die wertvollen Informationen!

❀ Überaus dankbar bin ich meinem Ehemann Michael für seine Gebete und seine vielfältige Hilfe, mit der er mich in meiner *Arbeit für Gott und das Wohl seiner Geschöpfe* seit Jahren treu unterstützt. Weil er darüber hinaus für meinen Lebensunterhalt bestens sorgt, kann ich mir den Luxus des Bücherschreibens leisten.

**Freudig danke ich Gott im Voraus,
dass die Botschaften dieses Buches
ein großer Segen für dich,
liebe Leserin, lieber Leser,
und für die ganze Welt sind.**

Dieses Buch ist all jenen gewidmet,
die ihre göttliche Größe entfalten wollen,
um damit viel Gutes in ihr Leben
und in die Welt zu bringen.

☆

Erkenne,
wer du bist,
und du wirst
begeistert sein!

☆

Lasse den Christusgeist
in dir wirken,
und du wirst
begeistern!

Vorwort

In göttlichen Fußspuren in ein Leben voller Freude und Glück

Liebe Leserin, lieber Leser,

ist es dein Wunsch, richtig glücklich und unbeschwert zu sein? So glücklich, dass du vor Freude wie ein Kind hin und her hüpfen könntest, dass du die ganze Welt umarmen möchtest, dass dir vor innerer Rührung die Glückstränen in die Augen steigen? Wünschst du dir, dass dieses unbeschreibliche Glück für immer in deinem Herzen wohnt, unabhängig von äußeren Umständen?

Suchst du nach einem Weg, der dich ganz schnell in dein herrliches Glücksgefühl zurückbringt, falls dich die Herausforderungen des Lebens doch einmal herausgeholt haben? Gefällt dir der Gedanke, dass du die innere Größe hast, alles, was du erlebst, gelassen, ja sogar freudig anzunehmen – weil du weißt, dass die göttliche Kraft in dir und um dich herum durch deine Gebete alles zum Guten wenden kann? Möchtest du mit Hilfe des Himmels dir ein Leben erschaffen, das dich in allen Bereichen dauerhaft beglückt. Willst du zum Glück deiner Lieben und zum Wohl der Welt auf angenehme Weise beitragen?

Falls ja, ist dies genau die richtige Lektüre für dich. In diesem Buch und den beiden weiteren Bänden der Buchreihe „Die 3D-Methode für dein Glück" wirst du viele wertvolle Botschaften und Tipps erhalten, wie du beständiges Glück in alle deine Lebensbereiche und in das Leben vieler anderer Menschen bringen kannst. Du wirst eine wirkungsvolle Methode kennenlernen, die seit Tausenden von Jahren Wunder in das Leben derer bringt, die sie anwenden. In lebendigen Erfahrungsberichten erlebst du mit, welche kleinen, sehr großen und unglaublichen Wunder mir bekannte Menschen und ich seit vielen Jahren dadurch machen dürfen. Es ist mein Wunsch, dass meine Bücher für dich ein guter Freund sind, die dich auf deinem Lebensweg begleiten und dir immer wieder Mut machen, mit Gottes Hilfe selbst zum Schöpfer des Glücks zu werden.

Fange am besten gleich damit an: Lasse deine Träume wahr werden! Als Kind Gottes bist du ein mächtiges Wesen. Die ganze Kraft Gottes wohnt in dir. Gott hat uns Menschen nach seinem Ebenbild erschaffen und sagt selbst:

*Ihr seid Götter
und allzumal Kinder des Höchsten.*
Psalm 82,6

Vor 2000 Jahren hat ein Mensch die göttliche Kraft, die jedem Menschen zur Verfügung steht, vorbildlich zum Wohle der Menschen eingesetzt: Jesus Christus. Er ist bis heute ein großes Vorbild, ein großartiger Lehrer, der uns Menschen zeigt, wie wir mit Gottes Hilfe Wunder bewirken und vollbringen können. Immer wieder betonte Jesus, dass wir Menschen die gleichen Wunder wie er – und noch viel mehr – tun können, wenn wir Vertrauen zu Gott haben und nicht zweifeln (Matthäus 21,21; Johannes 14,12). Das ist damals wie heute so.

In der Bibel ist mehrfach beschrieben, dass Jesus die Menschen immer wieder dazu aufforderte, seinem Beispiel zu folgen. Das wünscht er sich auch von uns heute. Es ist Jesus Christus ein großes Anliegen, dass wir die in uns wohnende Macht Gottes für unser eigenes Wohl und zum Wohl der ganzen Menschheit einsetzen.

Liebe Leserin, lieber Leser, erfüllen wir Jesus Christus diesen Wunsch. Folgen wir ihm nach. Du brauchst keine Sorge haben. Das heißt nicht: viele Tage Wüste oder vielleicht sogar Kreuzigung. Im Gegenteil:

Den Fußspuren von Jesus Christus zu folgen, heißt, sich auf den

Weg des ewigen Glücks zu machen.

Er selbst gibt uns diese Zusage:
*Ich bin euer Lehrer ... Ich habe euch
ein Beispiel gegeben, dem ihr folgen sollt.
Handelt ebenso! ...* **Freude ohne Ende** *ist
euch gewiss, wenn ihr danach handelt!*
Johannes 13,14-17

Dem Beispiel von Jesus zu folgen, bedeutet: so denken und glauben wie er, so beten und danken wie er. Und so erfolgreich wirken wie er! Für all dies hast du die volle Unterstützung der göttlichen Welt. Jesus Christus selbst hilft dir dabei, wann immer du es willst. Du hast sein Wort:

*Ich bin das Licht der Welt.
Wer mir folgt, hat das Licht, das zum Leben führt.*
Johannes 8,12

Erlaube dem Christuslicht, in dir hell aufzuleuchten. Werde so zum Licht für dein eigenes Leben und für die ganze Welt. Entdecke, zu welchen Wundern du durch Gottes Hilfe fähig bist!

Eine wundervolle Lektüre
und ein Leben voller Wunder
wünscht dir von Herzen

Angela Schäfer

ICH BIN voller **Demut** und festem Vertrauen.

Ich bringe Gott mit jubelnder Freude meinen **Dank im Voraus**.

ICH BIN voller **Liebe** zu allen und **diene** ihrem höchsten Wohl.

Das Erfolgsrezept von Jesus Christus

Was machte Jesus Christus in seinem Wirken so erfolgreich? Wie konnte er die zahlreichen Wunder, die von ihm überliefert sind, vollbringen? Was können wir Menschen heute von ihm lernen?

> Jesus Christus spricht:
> *... lernt von mir; dann findet euer Leben Erfüllung.*
> Matthäus 11,29.

Demütig erkenne ich: In Gott liegt meine ganze Kraft!

Jesus war sich seiner Fähigkeiten bewusst, die Gott ihm immer und überall schenkte. Von jubelnder Freude erfüllt rief er damals aus: „Mein Vater hat alles in meine Macht gestellt!" (Lukas 10,21.22). Jesus trug das stärkende Vertrauen in sich, dass er – genauso wie jeder andere Mensch, der Gott vertraut – alles schaffen konnte. Seine ermutigenden Worte gelten damals wie heute:

> *Wer Gott vertraut, dem ist alles möglich.*
> Markus 9,23

Während Jesus die göttliche Kraft in seinem Inneren bewusst fühlte, war sein Herz voller Demut. Er beschrieb sich selbst mit den Worten: „*Ich bin von Herzen demütig*" (Matthäus 11,29); denn er wusste, dass ihm all seine Werke nur mit Gottes Hilfe möglich waren. Deshalb verband sich Jesus immer zuerst mit Gott, bevor er seinen Dienst an seinen Mitmenschen begann. Niemals handelte er, ohne zuvor sein ganzes Sein in Gottes Gegenwart zu bringen. Damit holte er sich jedes Mal die volle Unterstützung von Gott und den himmlischen Mächten. Er sagte selbst über sich:

Von sich aus kann der Sohn gar nichts tun.
Johannes 5,19

Der Vater, der immer in mir ist,
vollbringt durch mich seine Taten.
Johannes 14,10

Genauso empfiehlt es sich für uns Menschen heute, immer erst die Hilfe Gottes anzufordern, bevor wir handeln. Du wirst feststellen, dass alles in deinem Leben viel besser läuft, wenn du dich – wie Jesus es tat – vor Arbeitsbeginn im Gebet auf Gott einstimmst und ihm für seine Unterstützung im Voraus dankst.

Als ich einem lieben Freund diesen Rat gab, erwiderte er mir, dass er an Tagen, an denen er sich schwach fühle, erst gar nicht bete, da er glaube, dass sein Gebet dann ebenfalls kraftlos sei und deshalb sowieso nichts bewirken würde. Doch das stimmt nicht! Jesus Christus will dir sagen:

Du darfst dich ganz auf Gottes Allmacht und Güte verlassen: Gott macht dich und dein Gebet kraftvoll, auch dann, wenn du dich schwach fühlst und dein Gebet dir kraftlos erscheint. Bete deshalb auch in solch energielosen Zeiten. Ein zunächst kraftlos erscheinendes Gebet ist auf jeden Fall besser als kein Gebet. Sobald du betest, beginnt die Christuskraft, die vor 2000 Jahren auf der Erde in mir wirkte, auch in dir zu wirken. Danke Gott am besten im Voraus für göttliche Stärke. Danke ihm, dass er dich und deine Gebete stark macht für das Gute in deinem Leben, in deinem Umfeld und auf der Erde.

Jesus

Gott spricht:

Du brauchst nicht mehr als meine Gnade. Je schwächer du bist, desto stärker erweist sich an dir meine Macht.
2. Korinther 12,9

Mit Gott sind uns Menschen übermenschliche Resultate möglich. Lassen wir es zu, dass Gott durch uns wirkt, sind uns keine Grenzen mehr gesetzt. Dann kommt, wie Jesus Christus es uns vorlebte, das ganze Potenzial Gottes in uns zur Entfaltung; dann kann Gott alles durch uns tun.

Sobald Gott beginnt, durch uns Wunder zu vollbringen, ist es ganz wichtig, sich immer vor Augen zu halten, dass Gott am Werk ist, und nicht wir Menschen. Alles was wir tun, ist: Wir erlauben Gott, durch uns Menschen zu wirken; aber wir bringen das Wunder nicht aus eigener Kraft hervor. Diese demütige Erkenntnis hat einen großen Vorteil: Wir verlieren alle Zweifel, dass wir für eine Aufgabe zu klein, zu schwach oder unfähig wären, sie zu meistern; denn wir wissen, dass wir jederzeit aus der unerschöpflichen Kraftquelle, aus Gott, schöpfen können. Wenn wir Gott anrufen und ihm vertrauen, übernimmt er die Arbeit für uns, indem er durch uns wirkt. Das macht uns unendlich fähig und stark; denn Gott ist alles möglich – auch durch dich!

Für Gott ist nichts unmöglich.
Lukas 1,37

Dankbar empfange ich Gottes Güte

Jesus Christus wusste, dass Gott unser vollkommenes Vertrauen braucht, um durch uns Wunder zu tun. Deshalb betete er um Gottes Kraft und Schutz. So verband er sich bewusst mit der göttlichen Kraftquelle und hüllte sich in die starke schützende Energie der Liebe ein. Durch das Gebet bekam Jesus himmlische Hilfe, seine Gedanken und Gefühle in der Energie des göttlichen Friedens zu halten. Sein tiefer Frieden im Herzen machte ihn fähig, mit unerschütterlichem Vertrauen an Gottes Güte zu glauben – auch in der Gegenwart skeptischer Menschenmassen.

Jesus fühlte sich voller Stärke und war fest davon überzeugt, dass Gott durch ihn alles Gute geschehen lassen konnte. Diese göttliche Energie war stärker als die unvollkommene Energie der Menschen, die bei seinen Wundertaten um ihn standen und zweifelten, weinten, ängstlich oder ungläubig waren oder sogar spotteten. Seiner starken Überzeugung von Gottes Güte verlieh Jesus vor der Menge Ausdruck, indem er Gott im Voraus laut für die Erhörung seiner Gebete dankte:

Vater, ich danke dir, dass du mein Gebet erhört hast!
Ich weiß, dass du mich immer erhörst!
Johannes 11,41.42

Nach seinem Dankgebet befahl Jesus mit all seiner göttlichen Kraft, was geschehen sollte. Trotz der Skepsis der Massen konnte er so die großartigsten Wunder vollbringen. Aus diesem vorbildlichen Verhalten von Jesus können wir Menschen heute viel lernen. Hier liegt der Schlüssel zu jedem Wunder! Es ist äußerst wichtig, dass wir täglich um Schutz und Kraft, Frieden im Herzen und Vertrauen zu Gott beten, zum Beispiel mit den Worten:

Danke für Gottes Schutz und Führung,
danke für tiefen Frieden in meinem Herzen,
danke für vollkommenes Vertrauen zu Gott,
danke für die göttliche Kraft in mir, jetzt und immer.

Dieses Gebet hüllt dich in wundervolle göttliche Energie ein. So kannst du, egal was um dich herum geschieht und unabhängig davon, ob andere Menschen die Wirkung deiner Gebete anzweifeln, ein felsenfestes Vertrauen zu Gott aufbauen und aufrechterhalten. Du fühlst dich stark und mächtig, weil du von göttlicher Energie erfüllt bist.

Wie Jesus Christus wirst du dann fähig, ohne den geringsten Zweifel von Gottes Güte überzeugt zu sein und mit einem Herz voller Freude und Dank das gewünschte Wunder zu erwarten, das Gott zum richtigen Zeitpunkt – manchmal auch spontan – für dich geschehen lässt. Jubelnd kannst du Gott schon im Voraus zurufen:

Ich danke dir von ganzem Herzen ...
für deine Güte und deine Treue ...
Herr, du wirst alles für mich tun,
deine Liebe hört niemals auf!
Psalm 138,1.2.8

Dem Guten will ich dienen

Damals wie heute ist Jesus Christus erfüllt von göttlicher Liebe zu uns Menschen. Diese Liebe war die Antriebsfeder für sein Handeln auf der Erde vor 2000 Jahren. Er wollte seine Mitmenschen von ihren Leiden befreien und zeigen, was uns Menschen durch Gottes Hilfe alles möglich ist. Jesus selbst erklärte damals:

Ich suche keine Ehre für mich selbst.
Johannes 8,50

... ich tue nur, was Gott gefällt.
Johannes 8,29

Seine dienende Einstellung und seine edlen Motive führten dazu, dass Gott die Gebete, die Jesus für seine Mitmenschen sprach, besonders gern erhörte.

Ein Mensch, der Gott und seiner Schöpfung dient, dem dient Gott.

Durch sein dienendes Wirken zeigte uns Jesus Christus, wie wir uns heute Gott, den mächtigen Schöpfer der Welt, zu unserem besten Freund, ja zu unserem Diener machen! Indem wir ihm und seiner Schöpfung aus Liebe dienen. Sich freiwillig für diesen Liebesdienst zu entscheiden, ist das Beglückendste, was es gibt – und zwar in mehrfacher Hinsicht:

Zum einen ist es tief erfüllend zu sehen, dass es anderen Menschen durch unsere Gebete und unser Tun viel besser geht. Zum anderen werden wir dann von Gott auf liebevollste Weise verwöhnt. Er wird unsere Gebete nicht nur erhören, sondern er wird uns unsere Wünsche in besonders exquisiter Weise erfüllen: so wie wir es uns in unseren kühnsten Träumen nicht ausmalen könnten. Dazu reicht er uns noch zusätzliche Geschenke, damit unserem Glück einfach nichts mehr fehlt.

Ein Mensch, der anderen dient, dient am meisten sich selbst.

Wenn wir wie Jesus in dankbarer Demut dienen, tragen wir also dazu bei, dass sich die Wünsche unserer Mitmenschen und unsere eigenen Wünsche wundervoll und glückbringend erfüllen. Und noch ein weiteres großartiges Geschenk macht uns Gott, wenn wir die **drei Ds des Glücks** beherzigen: **D**emut und **D**ankbarkeit im Herzen und freiwilliges **D**ienen aus Liebe bringen uns auf unserem spirituellen Weg zu Gott am schnellsten voran. Sie lassen uns als Kind Gottes Jesus Christus nachfolgen und helfen uns, die Christuskraft in uns zur Entfaltung zu bringen.

Die 3D-Methode für dein Glück

Jesus Christus zeigte uns vor rund 2000 Jahren, dass es möglich ist, Gedanken in Materie umzuwandeln. Er ließ sie mit Gottes Hilfe in der dreidimensionalen Welt Wirklichkeit werden. Seine 3D-Methode funktioniert heute genauso wie damals, und zwar bei jedem Menschen der Welt, der Gott vertraut!

Die drei **D**s dieser Wunder-Methode sind **D**emut, **D**ankbarkeit und **D**ienen. Sie lassen sich kurz in sieben *Christus-Sätzen* beschreiben, die Christus mir über meine innere Stimme eingab:

Demut: *Ich bin mutig und stark durch Gottes Kraft in mir.*
Ich verfüge über unbegrenzte Macht,
weil Gott durch mich wirkt.

Dankbarkeit: *Ich bin vollkommen überzeugt von Gottes Güte.*
Ich erwarte mit jubelndem Herzen dankbar das Gute, das Gott durch mich geschehen lässt.

Dienen: *Ich diene freiwillig aus Liebe.*
Mein Ziel ist das höchste Wohl aller Geschöpfe.
Ich will, dass Gottes Wille geschieht.

Mit Demut und Dankbarkeit im Herzen und dem Wunsch, zu dienen, vollbrachte Jesus seine zahlreichen Wunder auf der Erde. Was Jesus Christus damals bewirkt hat, kannst auch du heute tun! Was einer getan hat, können auch alle anderen tun! Du musst es ja nicht alleine schaffen. Du hast Gott, das mächtigste Wesen der Welt, und den gottverwirklichten, liebevollen Meister Jesus

Christus an deiner Seite! Jesus Christus beherrscht alle göttlichen Eigenschaften meisterlich und kann uns Menschen in jedem Augenblick unseres Lebens bei all unseren Aufgaben mit seiner ganzen Kraft unterstützen. Wir brauchen ihn nur anzurufen. Mache dir keine Sorgen, dass du Jesus von einem wichtigeren Dienst abhalten könntest. Er unterliegt nicht den Begrenzungen von Raum und Zeit und kann allen Menschen der Welt gleichzeitig dienen. Mit seiner Hilfe kannst du die Christuskraft in dich einfließen lassen und deine göttlichen Fähigkeiten aktivieren.

*Alles kann ich durch Christus,
der mir Kraft und Stärke gibt.*
Philipper 4,13

Liebe Leserin, lieber Leser, Jesus lädt dich ein, die sieben Christus-Sätze der 3D-Methode zu verinnerlichen. Lese diese immer wieder, am besten laut, und spüre dabei, wie die Christuskraft in dich einfließt und sich ein herrliches Glücksgefühl in dir entfaltet. Mache den Inhalt der sieben Sätze zu deinem Lebensmotto. Wende wie Jesus Christus die erfolgreiche 3D-Methode an und bringe damit Wunder und Glück in dein eigenes Leben und das Leben vieler Menschen. Du darfst erleben, dass sich weit mehr als deine kühnsten Träume erfüllen werden! In diesem Buch und in den zwei weiteren Bänden der Reihe „Die 3D-Methode für dein Glück" erfährst du, welches Glück mir bekannte Menschen und ich erleben dürfen, seitdem wir die 3D-Methode in unser Leben integriert haben.

Das erste D deines Glücks

Demut im Herzen

DeMut im Herzen

Liebe Leserin, lieber Leser,

was empfindest du, wenn du das Wort Demut hörst? Was verbindest du damit? Freude über die Größe Gottes und damit die Größe in dir? Oder schreckst du wie viele andere Menschen eher davor zurück, weil du etwas Negatives dahinter vermutest? Mir ging es lange Zeit so, denn mir war die wahre Bedeutung von Demut nicht vertraut. So kannte ich ein Lied, in dem es hieß: „Gib mir Demut, mach mich klein." Immer wenn ich es sang, erlebte ich kurz darauf etwas, das mich „klein" machte. Als mir klar wurde, was Demut wirklich bedeutet, änderte ich den Liedtext. „Gib mir Demut, mach mich groß!", sang ich jetzt und fühlte mich damit viel besser.

Durch das Schreiben dieses Buches durfte ich erfahren, dass Gott uns durch das Geschenk der Demut wirklich groß macht. Nur der Teil in uns, der von der Liebe abgewandt ist, soll klein werden und darf irgendwann ganz verschwinden. Dagegen lässt die Demut das Göttliche in uns Menschen groß werden. Und mit unserem göttlichen Kern wachsen wir selbst in unsere göttliche Größe hinein.

Als ich die Texte über die Demut zu schreiben begann, dachte ich, dass es darüber nur wenig zu sagen geben würde. Umso erstaunter war ich, wie viel mir die göttliche Welt dazu eingab. Immer mehr erkannte ich, wie großartig die Demut sich auf unser Leben auswirkt und ich lernte selbst viel, während ich die Texte der folgenden Kapitel empfangen durfte.

Das Licht Gottes in uns

Demut ist ein göttliches Geschenk. Sie ist eine der wesentlichsten Geisteshaltungen, die wir Menschen für unser Glück brauchen. Demütig zu sein heißt nicht, sich klein zu machen oder seinen Wert zu leugnen. Gott will nicht, dass wir „unser Licht unter den Scheffel stellen".

Zündet man etwa eine Öllampe an, um sie dann unter einen Eimer oder unters Bett zu stellen? Im Gegenteil! Eine brennende Lampe stellt man so auf, dass sie den ganzen Raum erhellt.
Markus 4,21

Genauso soll euer Licht vor allen Menschen leuchten. Sie werden eure guten Taten sehen und euren Vater im Himmel dafür loben.
Matthäus 5,16

Mit diesen Worten drückte Jesus Christus den Wunsch Gottes aus, dass wir Menschen mit unserem inneren Licht bewusst die Welt erhellen. Wir helfen und dienen niemandem – weder uns selbst noch unseren Mitmenschen noch Gott –, wenn wir unser Licht verbergen. Wir dienen allen, wenn wir es hell strahlen lassen!

Doch nur Gott kann das Licht in unserem Herzen entzünden. Ohne ihn, die göttliche Liebe, wäre es dunkel und kalt in uns. Alles was gut ist in uns und in unserem Leben, kommt allein von Gott und ist ein Geschenk von ihm an uns.

Wenn dieses Gute nun kommt, sagt nicht:
„Das haben wir aus eigener Kraft geschafft, es ist unsere Leistung!" Seid euch vielmehr bewusst, dass der Herr, euer Gott, euch die Kraft gab, mit der ihr dies alles erreicht habt.
5. Mose 8,17.18

Diese demütige Erkenntnis lässt uns Gott dankbar sein für alles, was in unserem Leben gut ist. Demut gibt uns die Größe, offen zuzugeben, dass wir Gott brauchen, weil wir ohne ihn nichts sind und nichts können. Diese Erkenntnis beeinträchtigt jedoch in keinster Weise unser Selbstwertgefühl, da wir wissen, dass wir mit Gott alles sind und alles können! Wirklich alles!

Weiße Weihnachten ohne Schnee

Vor ein paar Jahren sagte eine Frau zu mir: „Gott sei Dank können wir Menschen das Wetter nicht beeinflussen. Wer weiß, was dabei herauskäme!" Ich sah sie freudig an und erwiderte ihr: „Gott sei Dank können wir Menschen durch unsere Gebete das Wetter zum Wohle aller beeinflussen! Es ist etwas Wunderbares, in Trocken- oder Hitzeperioden den Regen herbeizubeten, bei tiefen Temperaturen die Sonne hervorzuholen oder Stürme durch Gebete zu besänftigen." Im Laufe vieler Jahre durften meine Freunde und ich schon zahlreiche Wetterwunder erleben.

Doch eines Tages zeigte uns Gott, dass er sogar „unerfüllbare" Wetterwünsche erfüllen kann. Vier Wochen vor Weihnachten vertraute mir meine liebe Nachbarin Clara an, dass sie sich in diesem Jahr von Herzen weiße Weihnachten wünsche. Weil ich Clara sehr gerne mag, wünschte ich ihr, dass Gott ihren Wunsch erfüllen möge. Gleichzeitig sagte ich ihr jedoch ehrlich, dass ich keinen Schnee räumen wolle und es mir lieber wäre, wenn die Straßen schnee- und eisfrei bleiben würden. Vollkommen überzeugt von Gottes Allmacht rief ich deshalb fröhlich in den Himmel: „Lieber Gott, ich weiß, dass dir alles möglich ist. Schenke Clara dieses Jahr weiße Weihnachten, und bewahre uns gleichzeitig vor dem Schneeräumen und die Straßen vor Schnee- und Eisglätte. Danke." Clara und ich wussten beide nicht, wie Gott dies gelingen sollte, aber durch die Demut in unseren Herzen trauten wir ihm alles zu. Wir ließen uns einfach überraschen, wie Gott auf das Gebet reagieren würde, und vergaßen in den nächsten Wochen unseren Wunsch.

In der folgenden Zeit schneite es nicht. Kurz vor Weihnachten schmückte ein sehr dicker Rauhreif in unserer Gegend die Hausdächer, die Wiesen, die Bäume und die gesamte Natur. Es war ein herrliches Bild, an dem sich alle freuten. „So schön war die Winterlandschaft schon lange nicht mehr", hörte man die Menschen sagen, „es sieht viel schöner aus, als wenn Schnee liegen würde."

Die ganze Landschaft war weihnachtlich weiß, während die Straßen frei und trocken blieben. Niemand musste Schnee räumen, da es keinen Schnee gab. Auch die Auto- und Radfahrer waren über die Wetterlage froh. So machte Gott nicht nur Clara und mir eine große Freude, sondern noch vielen anderen Menschen. Nach den Weihnachtsfeiertagen war der weiße Zauber wieder vorbei. Es kam mir so vor, als ob Gott Clara und mir damit zeigen wollte, dass dies alles für uns vom Himmel inszeniert worden war, um unsere Wünsche zu erfüllen.

Mir selbst macht dieses Erlebnis Mut. Es zeigt, dass wir Menschen Gott das „Unmögliche" nur zutrauen müssen, dann kann er das „Unmögliche" für uns tun.

Der Mut zum Glücklichsein

Gott wünscht sich nichts sehnlicher als dein höchstes Glück! Er kann dir all das Gute, das er für dich vorgesehen hat, aber nur dann schenken, wenn du es annimmst. Gott kann dir nur helfen, wenn du es zulässt; denn Gott hat dir einen freien Willen geschenkt und auch er muss diesen respektieren.

Hört, was der Herr der ganzen Welt euch zu sagen hat:
„Kehrt um und wendet euch mir wieder zu,
dann will auch ich mich euch wieder zuwenden."
Sacharja 1,2.3

Gott will sich dir, liebe Leserin, lieber Leser, zuwenden! Er will dich mit unendlich vielen Segnungen überschütten. Er will dir Reichtum und göttliche Fülle in allen Lebensbereichen schenken. Wende dich deshalb Gott zu. Öffne deine Arme und nimm Gottes Gaben an. Du wirst alles – einfach alles – bekommen, was du für dein Glück benötigst, wenn du den Mut hast, Gottes Hilfe und seine Geschenke zu empfangen. Diesen Mut schenkt dir die Demut.

Die Größe der Kleinen

Kleine Kinder, die in einem harmonischen Umfeld aufwachsen, haben eine wunderbare Gabe: Sie vertrauen einfach darauf, dass für sie gesorgt wird. Sie kümmern sich nicht darum, wie das, was sie zum Leben brauchen, zu ihnen kommen wird. Sie nehmen

– zumindest bis zur Trotzphase – die Hilfe der Erwachsenen ganz selbstverständlich an, wenn sie etwas noch nicht selbst können. Sie fragen sich nicht, ob sie etwas verdienen, wenn sie sich etwas wünschen. Sie überlegen nicht, ob ihr Wunsch realistisch ist. Kleine Kinder wünschen einfach. Und wenn das Gewünschte kommt, nehmen sie es mit leuchtenden Kinderaugen freudig und dankbar an.

> Jesus Christus lobte diese Gabe der Kinder mit den Worten:
> *Wer so ... demütig sein kann wie ein Kind,*
> *der ist der Größte in Gottes neuer Welt.*
> Matthäus 18,4

Die neue Welt Gottes ist schon jetzt da – mitten unter euch (Lukas 17,21). Mit dieser Aussage will Jesus uns Erwachsene ermutigen, an den Segnungen dieser neuen Welt teilzuhaben. Beherzigen wir also die Worte Jesu und lassen die Demut in unsere Herzen einziehen. Es lohnt sich!

Demut im Herzen schenkt dir wahre Größe, denn ...

... **Demut gibt dir die Kraft zu vertrauen**, dass Gott für dich und dein höchstes Wohl immer rundherum sorgt, wenn du dich ihm von ganzem Herzen zuwendest. Du bist dir der Macht Gottes bewusst, mit der er jederzeit alles für dich und durch dich tun kann. Du machst dir keine Gedanken darüber, auf welchem Wege das Gute, das du für dein Glück benötigst, zu dir kommen wird. Du überlässt es vertrauensvoll Gott und seiner weisen Führung.

... **Demut macht dich zu einem Meister des Lebens**. Weil du erkennst, dass dein Leben mit Gott viel besser läuft und deine Vorhaben mit seiner Hilfe viel besser gelingen, bist du bereit, dir von Gott helfen zu lassen. Durch die göttliche Unterstützung werden nicht nur deine Werke, sondern dein ganzes Leben zu einem göttlichen Meisterwerk!

... **Demut schenkt dir ein großes Selbstwertgefühl**, weil du weißt, dass du Gottes geliebtes Kind bist, das die großartigen Geschenke des Himmels immer verdient. Es ist dir bewusst, dass du ein göttliches Anrecht auf höchstes Glück in allen Lebensbereichen hast.

... **Demut verleiht dir den Mut, dir aus menschlicher Sicht „Unschaffbares" und „Unrealistisches" zu wünschen**; denn du weißt, dass für Gott alles möglich ist und er alles für dich geschehen lassen kann.

... **Demut macht dich fähig, Gottes Hilfe immer in allen Lebensbereichen anzunehmen.** Sobald das Gewünschte in deinem Leben in Erscheinung tritt, tust du es nicht als „Zufall" ab, sondern würdigst es als Geschenk Gottes, das er dir zufallen lässt. Du öffnest deine Arme und empfängst es freudig und dankbar wie ein Kind.

Demut im Herzen macht deshalb glücklich.

Sie ist der

Mut zum Glücklichsein!

Geborgen sein in Gott

Du, liebe Leserin, lieber Leser, hast die besten Eltern der Welt! Sie heißen: VATER-MUTTER-GOTT oder Geist der Liebe. In seinem mütterlichen Aspekt nimmt Gott dich mit offenen Armen so an, wie du bist. SIE liebt dich bedingungslos und schenkt dir himmlische Geborgenheit. In seinem väterlichen Aspekt setzt sich Gott mit seiner ganzen Macht für dich ein, die größer ist als alles andere auf der Welt. ER stärkt dir den Rücken, steht voll hinter dir und deinem höchsten Wohl. Kurz vor Weihnachten 2008 durfte ich diese Wahrheit in einem ganz besonderen Erlebnis erfahren, das zu den heiligsten meines bisherigen Lebens zählt:

Himmlisches Erscheinen von Vater-Mutter-Gott im Wohnzimmer

Seit meiner frühen Kindheit rede ich mit Gott, wie wenn er ein lieber, vertrauenswürdiger Mensch wäre, der immer bei mir ist; schließlich ist Gott als Geist der Liebe sehr lieb; er ist stets bei uns Menschen und verdient unser ganzes Vertrauen. So eine persönliche, innige Beziehung zu Gott ist etwas sehr Schönes; ich kann sie jedem nur empfehlen. Vielleicht hast du eine solch persönliche Beziehung zu Gott bereits. Und falls noch nicht: Es ist nie zu spät, damit anzufangen.

Ich liebe Gott seit jeher sehr, ich brauche ihn wie die Luft zum Leben; er ist meine Kraftquelle, mein Trost, ich sehne mich nach ihm wie nach einem Geliebten. Deshalb sagte ich jahrelang immer wieder zu Gott: „Mein geliebter Gott, es ist wunderbar, dass ich mit dir reden darf. Aber ich sehne mich so sehr nach dir, dass ich dich auch sehen und deutlich spüren will. Erscheine mir! Lass mich das Glück erleben, dass ich dich gleichzeitig sehen, hören und spüren darf. Danke, danke, danke!"

Ich hatte keine Vorstellung davon, wie mir Gott erscheinen könnte – vielleicht als großes, weißes Licht oder als goldener Lichtball? Ich wusste es nicht und überließ es Gott. Zwischen meinen Gebeten ließ ich meinen innigen Wunsch immer wieder los und dachte nicht mehr daran. Die wundervolle Gebetserhörung kam, als ich überhaupt nicht damit rechnete – und auf eine Weise, wie ich sie nie erwartet hatte:

Es geschah am 23. Dezember 2008, einen Tag vor Weihnachten. Ein lieber Mensch, den ich hier Franz nennen möchte, um seine Privatsphäre zu schützen, war bei mir. Franz ging es damals nicht gut; er hatte gesundheitliche und private Probleme. Deshalb bot ich ihm an, für ihn zu beten und ihm eine Energieheilung zu schenken. *Von Anfang 2007 bis Ende 2008 habe ich eine Ausbildung zur Energieheilerin, Aurameisterin, absolviert. Bei dieser Art der Heilung spielt das Gebet für den Patienten eine wichtige Rolle. Ich habe festgestellt, dass die Methoden der Energieheilung in Kombination mit Dankgebeten besonders wirkungsvoll sind. Man leitet als Werkzeug Gottes die göttliche Heilenergie in den physischen und in den feinstofflichen Körper des Patienten, um Heilprozesse im Körper sowie Lern- und Heilprozesse im Psychischen in Gang zu bringen.*

Franz nahm dieses Angebot gerne an, legte sich auf meine Wohnzimmer-Couch und entspannte sich. Ich setzte mich vor die Couch auf einen Hocker und betete zuerst um Gottes Schutz, Führung und Segen für die Heilbehandlung; dann rief ich Jesus Christus und die Heilengel des Himmels herbei. Während ich nun so selbstlos dienend vor Franz saß, mit den besten Absichten, ihm etwas Gutes zu tun, fragte ich den Himmel: „Was dürfen wir für Franz tun? Sollen wir seine Chakren reinigen oder seine Auraschichten ausstreichen?" *Chakren sind feinstoffliche*

Organe des Menschen, durch die wir im Energieaustausch mit dem Kosmos stehen. Die Aura ist unser feinstofflicher Körper, der aus verschiedenen Schichten besteht und von hellsehenden Menschen gesehen und von Hellfühlenden erspürt werden kann.

Ich hatte meine geistige Führung also gefragt, ob wir die Chakren von Franz reinigen oder seine Auraschichten ausstreichen sollen. Die Antwort aus dem Himmel, die ich in meinem Inneren vernahm, war: „Nichts davon." Mir blieb nicht lange Zeit, mich über diese wortkarge Antwort zu wundern; denn im nächsten Moment erschien über Franz eine wunderbare, himmlische Gestalt, die ich mit meinen geöffneten physischen Augen sehen durfte:

Maria, die Mutter Gottes, schwebte etwa 1,5 Meter über Franz, der ruhig auf der Couch lag. Maria hatte eine menschliche Gestalt und hielt vor ihrem Körper in ihren beiden Armen das Christuskind; sie und ihr Christuskind waren ganz golden. Alles an den beiden war golden: die Haare, die Haut und die Kleidung. Der goldene Schleier und das goldene Kleid von Maria strahlten kegelförmig nach unten ein goldenes Licht ab, das Franz und meine Couch vollkommen einhüllte. Maria lächelte mich an und begann, zu mir zu sprechen. Dabei verströmte sie eine so wunderbare, himmlische Energie, dass mir vor Glück die Tränen in die Augen stiegen. So viel bedingungslose Liebe, so viel Fürsorge, so viel Geborgenheit, so viel Verständnis, so viel Reinheit hatte ich noch nie zuvor gespürt.

Franz hatte die Augen geschlossen und schien von alledem nichts mitzubekommen. Maria gab eine tröstende Botschaft für Franz und seine Lebenssituation und forderte mich auf, sie ihm mitzuteilen. Fasziniert von dieser göttlichen Erscheinung brachte ich aber kein einziges Wort heraus. Maria unterbrach ihre Rede und forderte mich mit liebevollem Nachdruck auf: „Komm, sprich mir nach. Franz kann mich nicht hören. Er soll durch dich meine Botschaft erhalten."

Ehrfürchtig sprach ich nun die Worte nach, die Maria an meinen Freund richtete. Es war eine so liebevolle, tröstende Botschaft, die so wunderbar zur Situation, in der sich Franz befand, passte, dass ich tief gerührt war.

Einige ihrer Worte, die Maria an Franz richtete, passen auf jeden Menschen; deshalb möchte ich diese an dich, liebe Leserin, lieber Leser, weitergeben. Maria, die göttliche Mutter von uns allen, sagte:

> Du bist geborgen in der Liebe deiner göttlichen Eltern. Du bist für mich genauso kostbar wie das Christuskind. Wir, dein himmlischer Vater und deine himmlische Mutter, tragen dich auf Händen durch dein Leben. Du bist zutiefst geliebt. Du hast die volle Unterstützung und Fürsorge deiner göttlichen Eltern. Zu uns kannst du immer nach Hause kommen, dir Rat und Hilfe bei uns holen.
>
> *Deine göttliche Mutter*

Einige Zeit lang bestrahlte die göttliche Mutter Franz mit ihrer liebevollen, fürsorglichen, goldenen Energie, die auch in mein Herz drang und mich zutiefst beglückte. Dann erschien hinter dem Bild von Maria wie bei einer Dia-Show ein zweites Bild. Während Marias Bild sich nun langsam nach hinten bewegte, kam das zweite Bild weiter nach vorne, bis sich die beiden Bilder durchdrangen. Marias Bild, das den mütterlichen Aspekt Gottes gezeigt hatte, löste sich vor meinen Augen auf, während das zweite Bild ganz in den Vordergrund rückte.

In diesem heiligen Augenblick hatte ich jetzt den väterlichen Aspekt Gottes vor mir. Gott-Vater schwebte in gleicher Höhe wie zuvor Maria über meinem Freund Franz. Auch von Gott-Vater strahlte kegelförmig ein goldenes Licht auf Franz, das ihn ganz einhüllte. Diese Erscheinung sah ganz anders aus, als ich mir Gott jemals vorgestellt hatte:

Auf einer weißen Wolke schwebend, die von einem goldenen Licht durchstrahlt war, trug er ein langes, weißes Gewand und hielt in seiner linken Hand ein goldenes Zepter; er hatte weiße Haare, einen weißen Bart und erstaunlicherweise ein junges, wunderschönes Gesicht, mit dem er mich auf liebevollste Weise anlächelte. Die Energie, die er verströmte, war so machtvoll, so allmächtig, dass in meinem Wohnzimmer selbst die Luft vor Ehrfurcht zu erzittern schien. Innerlich fiel ich vor Gott auf die Knie und bat ihn um Verzeihung, falls ich ihm jemals irgendetwas nicht zugetraut haben sollte. Ich spürte Gottes Allmacht und gleichzeitig seine ebenfalls bedingungslose Liebe so intensiv, dass ich ihm ehrfürchtig und zutiefst dankbar meine ganze Liebe, Hochachtung und Verehrung im Geiste entgegenbrachte.

Auch Gott-Vater begann zu mir zu sprechen und hatte eine wundervolle Botschaft für Franz. Wie auch bei Marias Botschaft gelten einige der Worte, die Gott-Vater an Franz richtete, für uns alle. Deshalb möchte ich sie an dich, liebe Leserin, lieber Leser, hier weitergeben:

Du bist mein geliebtes, hochgeschätztes Kind. Ich setze mich mit meiner ganzen Macht für dich und dein höchstes Wohl ein. Ich stärke dir den Rücken. Ich stehe mit meiner ganzen Macht vollkommen hinter dir. Du bist kraftvoll und stark durch mich.

Dein göttlicher Vater

Gott-Vaters allmächtige, Ehrfurcht erregende und höchst liebevolle Energie erfüllte eine Zeit lang den ganzen Raum. Dann erschien das Bild Marias, der göttlichen Mutter, noch einmal hinter dem Bild von Vater-Gott. Die beiden Bilder verschmolzen miteinander, um sich schließlich gemeinsam vor meinen physischen Augen aufzulösen.

Mutter-Vater-Gott hat Franz und mir mit diesem Erlebnis ein großes Geschenk gemacht – auch wenn ich mich lange Zeit wunderte, auf welche Weise sich mir Gott-Vater gezeigt hatte. Seine Energie war eindeutig allmächtig und liebevoll; aber sein Aussehen erstaunte mich sehr.

Gleich nach diesem Erlebnis zeichnete ich für Franz die heiligen Bilder, die ich gesehen hatte, auf. Aber meine Zeichenkünste reichten einfach nicht aus, um die Schönheit und majestätische Ausstrahlung von Mutter-Gott und Vater-Gott festzuhalten. Sehnlich wünschte ich mir besonders ein Bild von Gott, so wie er mir in seinem väterlichen Aspekt erschienen war.

Nur einen Tag später, als ich meinen Künstlerfreund und Arbeitspartner Michael besuchte, entdeckte ich auf seinem Arbeitstisch eine Bleistift-Skizze, die meiner Gott-Vater-Erscheinung vom Vortag verblüffend ähnlich sah. „Was hast du da gezeichnet?", fragte ich Michael höchst erstaunt, der von meinem Erlebnis noch nichts wusste. „Das habe ich gestern gezeichnet, weil ich dachte, es könnte in mein aktuelles Bild passen", antwortete er mir noch immer nichts ahnend. „Du hast meine gestrige Gottes-Erscheinung gezeichnet!", rief ich begeistert aus und schaute mir diesen Vater-Gott an, den Michael so gut getroffen hatte, ohne die Erscheinung selbst gesehen zu haben: Michael hatte Gott mit langem Bart und jungem Gesicht gezeichnet, das die Gesichtszüge meiner Erscheinung aufwies – einfach unglaublich!

Eineinhalb Jahre später, im Juli 2010, befand ich mich gerade im Gebet für eine Leserin, die mir geschrieben hatte, als ich von Gott zur Bibel geführt wurde. Er nahm meine Hand, schlug durch sie eine Seite darin auf und lenkte meinen Blick auf folgende Worte:

Dann werden sie den Menschensohn (Christus) auf einer Wolke mit göttlicher Macht und Herrlichkeit kommen sehen.
Lukas 21,27

Als ich tief berührt diese Worte in mir wirken ließ, erinnerte ich mich an mein heiliges Gottes-Erlebnis im Dezember 2008 und dachte mir: „Ja, genau so war das! Er kam auf einer Wolke mit göttlicher Macht und Herrlichkeit!"

Durch weitere heilige Erlebnisse, auf die ich an späterer Stelle eingehen werde, darf ich heute wissen, dass mir im Dezember 2008 als väterlicher Aspekt Gottes tatsächlich Christus erschienen war; mit CHRISTUS meine ich nicht den Menschen Jesus, der vor rund 2000 Jahren in Palästina gelebt hat, sondern ich meine den heiligen Christusgeist, den Sohn Gottes, der in Jesus im Alter von 30 Jahren bei seiner Taufe im Jordan eingedrungen ist, wodurch Jesus zu Jesus Christus wurde.

Mystische Erlebnisse für dich

Manchmal werde ich gefragt, ob jeder Mensch Gottes-Erscheinungen haben kann. Ich weiß, dass Gott jeden Menschen inniglich liebt und sich eine enge, herzliche Beziehung zu jedem von uns wünscht. Dazu gehört auch, ihn zu hören, zu sehen und zu spüren. Es liegt nur an uns Menschen, uns für solch heilige Gnaden-Erlebnisse zu öffnen: durch unsere Liebe zu Gott, durch unser Sehnen nach ihm und durch unsere Gebete, dass er sich uns offenbaren möge.

Falls du, liebe Leserin, lieber Leser, dir auch Gottes-Erscheinungen wünschst, kannst du sie herbeiführen, indem du einfach immer wieder dafür im Voraus dankst und sie von Herzen herbeisehnst. Freue dich jetzt schon, dass dir zur richtigen Zeit himmlische Gnadenerlebnisse auf die für dich beste Weise zuteilwerden. Gott freut sich auf innige Begegnungen mit dir. Er wartet auf dich.

Der Himmel will dich verwöhnen

Gute irdische Eltern schenken ihren Kindern Liebe und Fürsorge, Unterstützung und Wohlwollen. Mein Freund Franz dagegen musste erleben, dass seine Eltern sich gegen ihn stellten und ihm auf verschiedene Weise schaden wollten. Ihr Übelwollen setzte Franz sehr zu; in dieser Lebenssituation offenbarte ihm Gott seine Liebe und Fürsorge, seine Hilfe und Unterstützung durch die oben beschriebene Gottes-Erscheinung. Ein Teil der Botschaft, die Maria für Franz hatte, lautete: „... Auch wenn deine irdischen Eltern nicht gut zu dir sind, wisse, dass wir, deine göttlichen Eltern, dich sehr lieben und immer für dich da sind ..."

Liebe Leserin, lieber Leser, unabhängig davon, wie dein Verhältnis zu deinen irdischen Eltern ist, genieße die Wahrheit, dass deine göttlichen Eltern auf liebevollste Weise auch für dich sorgen, in all deinen Angelegenheiten. Du darfst dich auf ihre Fürsorge vollkommen verlassen. Wenn dir etwas zu deinem Glück fehlt, bringen sie es zum richtigen Zeitpunkt in dein Leben. Du fragst dich vielleicht, wie das geschehen soll? Das darfst du getrost deinen göttlichen Eltern überlassen, denn sie haben den großen Überblick über alles. Schließlich hat Vater-Mutter-Gott alles, was du für dein Glück benötigst, bereits geschaffen.

Alles, was Gott geschaffen hat, ist gut.
Wenn etwas fehlt, dann schafft er es herbei.
Darum soll man ihn loben und danken mit Herz und Mund.
Sirach 39,33.41

Das Einzige, was unsere göttlichen Eltern von uns Menschen als Gegenleistung dafür fordern, ist unser Lob und Dank an sie. Tun wir dies, dürfen wir uns als ihre Kinder von ihnen verwöhnen lassen.

Seitdem ich mich in der göttlichen Liebe geborgen fühle und mich Vater-Mutter-Gott täglich zuwende, indem ich zu ihm bete und ihm im Voraus für alles danke, erlebe ich Wunder in allen Lebensbereichen. Liebe Leserin, lieber Leser, ich wünsche mir für dich dasselbe Glück und noch viel mehr – und deshalb möchte ich dich ermutigen, das Gleiche zu tun: Tauche in das Gefühl ein, geborgen und umsorgt zu sein, und danke deinen göttlichen Eltern für alles schon im Voraus; denn alles, was sie machen, ist gut. Vertraue auf ihre Hilfe. Sie kommt bestimmt! Ein kurzes Gebet, das dir dabei hilft, lautet:

**Ich bin geborgen in der Liebe meiner göttlichen Eltern.
Dankbar empfange ich alles, was sie für mein Glück tun.**

Das Gute kommt auf gutem Wege

Kurz nachdem ich begonnen hatte, dieses Kapitel zu schreiben, klingelte mein Telefon. Johannes, ein lieber Freund, rief mich an und erzählte mir von seinem Glück. Gerade hatte er unerwartet Post erhalten. Als er sie öffnete, stieß er einen Jubelschrei aus. Im Couvert befand sich ein Geldbetrag, den er gut gebrauchen konnte, da er vor kurzem arbeitslos geworden war. Die edle Spenderin kannte er nicht einmal. Sie hatte über eine Freundin von Johannes Geldnot erfahren und sich von dieser seine Adresse geben lassen. Das Geldgeschenk machte sie ihm einfach so – unbekannterweise aus Liebe!

Johannes und ich erklärten uns diese unerwartete Segnung so: Seit seiner Arbeitslosigkeit betete Johannes zu Gott und dankte ihm täglich im Voraus für einen reichen Geldsegen. Woher dieser Geldsegen kommen sollte, wusste Johannes nicht. Doch Gott wusste es: Er rührte das Herz der großzügigen Frau an und veranlasste sie zu dieser guten Tat. Tief berührt lobte Johannes Gott, weil er so wundervoll für ihn gewirkt hatte. Und dies war nur der Anfang des Geldsegens; denn Johannes betete weiter: Täglich dankte er Gott im Voraus für seine großartige Hilfe und Gott ließ für ihn weitere Wunder geschehen. Wenige Tage nach der ersten Geldsendung kam von derselben Frau noch einmal ein Geldbetrag, der noch deutlich höher war als der Erste – genau gesagt sechsmal so hoch. In der folgenden Zeit taten sich weitere Geldquellen für Johannes auf. Sein demütiger Dank an Gott brachte die Quellen zum Sprudeln. Und sie sprudeln bis heute, noch dazu immer stärker: Erst diese Woche erzählte mir Johannes glücklich, dass er vor wenigen Tagen von einer weiteren Person ganz unerwartet einen Betrag geschenkt bekam, der wesentlich höher ist als alle bisherigen Geldgeschenke, die er inzwischen von verschiedenen Personen erhalten hat.

Wie ein Dankgebet blitzschnell eine Küche herbeizauberte

Durch eine göttliche Fügung, die ich im Kapitel „Das Erkennen des eigenen Wertes" näher beschreibe, brachte mir Gott im September 2006 den Künstler Michael in mein Leben. Wir freundeten uns sofort an und begannen im April 2007 mit unserer Zusammenarbeit. Da unsere Wohnorte mehrere hundert Kilometer voneinander entfernt waren, wünschten wir uns bald, an einem Ort unsere Bücher für Gott schreiben und illustrieren zu dürfen.

Über ein Jahr schickten wir immer wieder Dankgebete in den Himmel, in denen wir um Hilfe und um das für Michael beste neue Zuhause im Voraus dankten. Im Juli 2008 erfüllte Gott unseren sehnlichen Wunsch, indem er mehrere Wunder geschehen ließ und Michael ganz in meiner Nähe eine schöne Wohnung schenkte. Bei der Besichtigung der Wohnung stellte sich allerdings heraus, dass keine Küche eingebaut war.

Der freundliche Vermieter meinte, dass seiner Erfahrung nach jeder Mieter einen anderen Geschmack habe und es besser sei, wenn der Mieter seine eigene Küche mitbrächte. Da Michael aber weder Geld noch eine Küche besaß, betete ich im Stillen zu Gott. Während ich in die leere Küchenzeile schaute, visualisierte ich eine schöne Küche mit Holzfronten und dankte Gott mit jubelndem Herzen dafür, dass „sie bereits eingebaut ist, ohne dass Michael sie kaufen musste". Wie dies geschehen sollte, wusste ich nicht. Ich überließ es Gott.

Am Nachmittag des Tages, an dem Michael die Zusage für die Wohnung erhielt, rief mich Franka, eine liebe Bekannte, an. Als sie mich fragte, wie es mir gehe, erzählte ich ihr von meinem großen Glück, dass mein Künstlerfreund Michael in meine Nähe ziehen würde. „Jetzt fehlt nur noch eine Küche für ihn", sagte ich zu ihr. Von Gottes Güte überzeugt meinte Franka: „Auch das wird sich bestimmt gut regeln. Vielleicht kommt mir ja eine Idee."
Noch am selben Tag klingelte wieder das Telefon. Franka war am Apparat und berichtete: „Mir ist eine Idee gekommen! Vor einem halben Jahr habe ich mein Haus verkauft. Darin befand sich eine komplette Küche mit massiven Holzfronten. Ich weiß, dass der neue Eigentümer das Haus noch nicht bezogen hat und die Küche wahrscheinlich nicht selbst nutzen will. Ich werde mich erkundigen, ob die Küche im Kaufpreis mit enthalten war oder ob ich sie mir holen darf." Kurz darauf rief sie wieder an und verkündete fröhlich: „Ich kann die Küche haben. Übermorgen bauen wir sie aus und fahren sie in Michaels neue Wohnung."

Da die Wohnungsübergabe wegen der Renovierung der Wohnung erst zwei Wochen später stattfinden sollte, besorgten wir gleich am nächsten Abend den Wohnungsschlüssel beim Vermieter. Dieser gab uns sofort sein Einverständnis, die Küche bereits vor der offiziellen Übergabe in den Küchenraum zu stellen.

Gesagt, getan. Am nächsten Tag wurde die gesamte Küche mit Massivholzfronten, hochwertigen Elektrogeräten, großer Arbeitsplatte und Spüle von Franka, ihrem Mann und deren Freund, der glücklicherweise gerade zu Besuch bei ihnen war, ausgebaut und mit einem Anhänger in Michaels zukünftige Wohnung transportiert. Franka und ihr Mann putzten die Küche nach dem Transport sogar noch vier Stunden lang von allen Seiten.

Fasziniert von Vater-Mutter-Gottes schneller Hilfe – *von meinem Gebet vor der leeren Küchenzeile bis zur Gratis-Lieferung der Küche in Michaels neue Wohnung waren nur drei Tage vergangen!* – wagte ich das nächste kühne Gebet. Ich dankte im Voraus, dass „die Küche noch vor Michaels Umzug bereits perfekt eingebaut ist". Auch darum kümmerten sich Michaels göttliche Eltern. Es war gerade Urlaubszeit und Handwerker waren in der Kürze der Zeit nahezu nicht zu bekommen. Doch durch die Hilfe des neuen Vermieters erklärte sich ein Schreiner kurzfristig dazu bereit. Gemeinsam mit meinem Ehemann Michael baute der Schreiner die gesamte Küche perfekt und liebevoll ein, während mein Künstlerfreund Michael und ich unter Zeitdruck zwei Wochen lang in seiner alten Wohnung alles einpackten. All dies empfanden wir als großes Wunder. Und das Wunder wurde noch größer, als die Rechnung des Schreiners kam. Sie war ungewöhnlich niedrig. Bis heute freuen Michael und ich uns über seine schöne Küche, die er blitzschnell geschenkt bekam und die für ihn sofort eingebaut wurde, ohne dass er sich um etwas kümmern musste.

„Blindes" Vertrauen bringt den richtigen Segen zur richtigen Zeit

Dieses Buch zu schreiben, ist für mich ein besonderes Erlebnis. Im Dialog mit Gott empfange ich die Texte, die er sich für dieses Buch wünscht. Ich vertraue, dass Gott mir die Worte und Kapitel eingibt, von denen ich vorher nicht weiß, wie Sie aussehen sollen. Auch zeigt er mir auf geniale Weise, welche Bibelstellen er sich zu den Texten wünscht. So lege ich immer, wenn ich den Impuls dazu bekomme, meine Hand auf die Bibel und danke im Voraus für die passende Stelle. Durch mein Vertrauen zu ihm lässt Gott dann ein Wunder geschehen. Er lässt mich die richtige Seite aufschlagen und lenkt meinen Blick auf die passende Textstelle. Auf diese Weise durfte ich auch die oben genannte Stelle (Sirach 39,33.41) vor wenigen Minuten beim ersten Versuch aufschlagen. Wie immer, wenn ich dies erleben darf, bin ich sehr dankbar und tief berührt. Während ich Gott lobe, weiß ich: Ohne seine Hilfe wäre solch ein Wunder niemals möglich: der perfekt passende Bibeltext, sofort für dich, liebe Leserin, lieber Leser, von den himmlischen Mächten aufgeschlagen! Denn ich bin kein Bibelkenner, und schon gar kein Schriftgelehrter.

Während des Schreibens dieses Buches kam es auch vor, dass mich ein Freund anrief und mir eine Bibelstelle vorlas, die genau zu dem Kapitel passte, das ich gerade verfasste. Dabei wusste mein Freund nichts von diesem Kapitel.
Die Bibel ist ein Buch, das ich kaum kenne. Doch ich weiß, dass Gott dieses Buch, wie alles andere auf der Welt, durch und durch kennt. Es ist herrlich entspannend, sich auf Gott und seine Hilfe zu verlassen. So viel Mühe bleibt uns Menschen dadurch erspart. Unser Vertrauen zu Gott führt uns wirklich alles zu, was nötig ist.
Während ich gerade diese Zeilen schrieb, machte mich Gott auf eine weitere Bibelstelle aufmerksam. Eigentlich wollte ich in diesem Moment nur die geöffnete Bibel in die Hand nehmen und sie zur Seite legen, als sich eine Seite wie von selbst umblätterte. Mein Blick fiel auf die Worte:

Ich will an die Werke des Herrn erinnern und beschreiben, was ich gesehen habe ... Wie wundervoll sind alle seine Werke, ... für alles, was nötig ist, ist gesorgt.
Sirach 42,15.22.23

Gott sorgt dafür, dass ich meine wundervollen Erlebnisse für dich aufschreibe, indem er mich immer wieder ermutigt, an diesem Buch weiterzuarbeiten. Und er sorgt, wie gesagt, für die Bibelstellen, die ohne ihn nicht in diesem Buch zu finden wären. Denn von selbst wäre ich nie auf die Idee gekommen, die Bibel zu zitieren.

Ehrlich gesagt stand ich der Bibel noch bis vor einiger Zeit sehr kritisch bis ablehnend gegenüber. Ich bezweifelte ihren Wert, da sie viele Male übersetzt und verändert worden war. Erst das Schreiben meines ersten Buches „Die heilende Kraft des Dankens" brachte es mit sich, dass ich mich mit der Bibel anfreundete; denn auch damals forderte mich Gott auf, Bibelstellen, die er mich nach einem Gebet aufschlagen ließ, zu zitieren. Er zeigte mir anhand vieler Textstellen, die ich als sehr aufbauend empfand, dass sein Geist in der Bibel wohnt.

Gott wusste, dass er mich davon erst einmal überzeugen musste. Denn vor vielen Jahren nahm ich mir vor, die Bibel von vorne bis hinten zu lesen. Ich dachte, dies gehöre zur Allgemeinbildung. Doch schon nach wenigen Seiten legte ich die Bibel entsetzt weg und beschloss, dass dies kein Buch für mich sei. Die vielen Grausamkeiten, die hier beschrieben waren, ertrug ich nicht. Auch das strafende Gottesbild des Alten Testaments hatte nichts mit dem Bild von Gott zu tun, das ich in meinem Herzen trug und bis heute trage. Für mich ist Gott das wohlwollendste, gütigste, barmherzigste, großzügigste, einfühlsamste, verzeihendste und liebevollste Wesen der Welt. Er ist für mich die reine Liebe.

Wenn ich diese Meinung vertrete, werde ich manchmal gefragt: „Warum lässt Gott dann Kriege und Leid zu? Wie soll ich so einen Gott lieben und ihm vertrauen?" Diese Fragen gab ich an Gott weiter und erhielt von ihm folgende Antwort:

Die Geschichte vom erwachsenen Kind

Ein Kind hatte sehr liebevolle Eltern, die es mit allem verwöhnten, was es für sein Glück brauchte. Als es volljährig wurde, zog es von zuhause aus, um seine eigenen Wege zu gehen. Es bekam von seinen Eltern weiterhin Geld, über das es ab jetzt frei entscheiden konnte. Das erwachsene Kind verwendete das Geld auf eine Weise, wie es seine Eltern niemals verwendet hätten, da sie wussten, dass es ihm so kein Glück bringen würde. Doch das Kind wollte seinen eigenen Weg gehen und seine Eltern ließen ihm alle Freiheit, da sie seinen freien Willen akzeptierten.

Nach einiger Zeit saß ihr geliebtes Kind, das sich durch sein liebloses Verhalten ins Unglück gebracht hatte, vor einem Scherbenhaufen und klagte seine Eltern an: „Wie könnt ihr dieses Leid zulassen? Ihr könnt mich doch gar nicht lieben und mir wohl gesonnen sein!" Darauf antworteten ihm seine Eltern: „Wir lieben dich über alles auf der Welt und dein höchstes Glück liegt uns sehr am Herzen! Aber du bist volljährig und hast deinen freien Willen; den dürfen wir dir nicht nehmen. Du kannst jedoch jederzeit zu uns kommen und unsere Hilfe in Anspruch nehmen. Wir sind immer für dich da!"

Als ich über Gottes Worte nachdachte, wurde mir klar: Wie in dieser Geschichte sind auch unsere göttlichen Eltern stets für uns Menschen da. Gott ist der liebevollste Vater und die liebevollste Mutter in einem. Solange wir in seiner Liebe bleiben, sorgt er rundherum für unser Glück. Aber Gott lässt uns unseren freien Willen. Wir können aus der göttlichen Energie, die er uns ständig zur Verfügung stellt, alles erschaffen, was wir wollen.

Die Menschen haben Kriege und Leid erschaffen, indem sich viele von ihnen von der Liebe abgewandt haben. Gehen die Menschen ihre eigenen Wege außerhalb der Liebe, außerhalb des göttlichen Elternhauses, werden sie Leid bewirken und erfahren. Um das Leid in der Welt abzuschaffen, müssen sich die Menschen wieder zur Liebe hinwenden. Es ist wichtig, dass sie sich selbst und alle anderen von Herzen lieben.

Als ich diese Antwort aus meinem Inneren einer Freundin erzählte, meinte sie: „Wenn meine Mitmenschen nicht in der Liebe leben und Leid erschaffen, was bewirke ich da schon als Einzelne, wenn ich in der Liebe bin? In einer Welt, in der Leid vorherrscht, werde ich doch genauso leiden wie die anderen, die nicht in der Liebe leben, oder?" Auch diese Fragen brachte ich vor Gott und erhielt von ihm folgende Antwort:

Eine Insel des Lichts

Menschen, die Liebe im Herzen tragen, sind wie ein helles Licht in der Dunkelheit. Da das Licht der Liebe immer stärker ist als alles andere, werden diese Menschen mit ihrem Licht ihre Umgebung erhellen. Ihre liebevolle Ausstrahlung wirkt sich positiv auf ihre Umwelt aus. Sie erhöhen durch ihre eigene hohe Schwingung der Liebe die Schwingung in ihrem Umfeld. Jeder einzelne Lichtträger ist wichtig, damit es auf der Erde heller wird. Je mehr Menschen zur Liebe finden, umso schneller werden Kriege, Leid und Umweltkatastrophen verschwinden; und umso eher wird alles, was unwahr und unehrlich ist, aufgedeckt werden.

An dieser Stelle unterbrach meine innere göttliche Stimme ihre Rede und führte mich zur Bibel. Ich schlug sie auf und las im nächsten Augenblick die Worte:

Was jetzt noch verborgen ist, muss ans Licht kommen, und was noch niemand weiß, muss enthüllt werden.
Matthäus 10,26

Während ich mich noch fragte, was diese Bibelworte mit Gottes Antwort auf meine Fragen zu tun haben könnten, sprach Gott in mir weiter: „Das Licht der liebenden Menschen wird in die Dunkelheit der anderen strahlen und alle Ungerechtigkeiten beleuchten und aufdecken. Es wird keinen Ort mehr geben, wo sich ein von der Liebe abgewandtes Verhalten verstecken könnte. Alles Lieblose wird im Licht der Liebe nicht bestehen können und wird sich schließlich auflösen. Was letztlich bleiben wird, ist liebevolles Verzeihen, Ehrlichkeit, liebevolle Gerechtigkeit, Frieden und Geborgensein in der göttlichen Liebe. Damit dieser Glückszustand für alle erreicht wird, braucht es Lichtträger, die als Inseln des Lichts auf dieser Erde ihr Licht zusammenfließen lassen und damit den ganzen Globus erhellen. So kann ein Einzelner die Welt verändern, weil sein Beitrag die Lichtarbeit der anderen Lichtträger wirkungsvoll erhöht."

Zum Abschluss seiner Rede ließ mich Gott noch einmal die Bibel aufschlagen. Mein Blick fiel sofort auf die Worte:

Gerechtigkeit und Frieden werden regieren. In deinem Land wird es keine Verbrechen mehr geben, keine Zerstörung und Verwüstung... ich der Herr, dein Gott, werde für immer dein Licht sein ... Ich leuchte dir in alle Ewigkeit, und deine Trauer wird für immer ein Ende haben.
Jesaja 60,17-20

Welch wunderbare Aussicht, die Gott uns mit diesen Worten gibt! Meine Demut lässt mich fest daran glauben, dass wir durch unsere Gebete und unseren Einsatz für das Gute diesen Zustand eines Tages auf der Erde erleben werden. Doch schon heute darfst du dich, liebe Leserin, lieber Leser, in der Liebe Gottes geborgen, von ihm optimal versorgt und perfekt behütet fühlen; auch dann, falls du von gottfernen Menschen umgeben sein solltest. Rufe Gott an, dass er einen schützenden Lichtmantel um dich legt und die Dunkelheit der anderen von dir fernhält. Welche Wunder Gott dabei möglich sind, durfte ich selbst erleben, als ich mich vor vielen Jahren nachts in Lebensgefahr befand:

Wir freuen uns und jubeln über den Herrn, unseren Gott!
Er umgibt uns mit seiner Hilfe wie mit einem Kleid,
hüllt uns in seinen Schutz wie in einen Mantel.
Jesaja 61,10

Im Schutzkreis des Lichts behütet

Damals war ich 19 Jahre alt und lebte in einer Großstadt. Da ich kein Auto hatte, war ich oft mit öffentlichen Verkehrsmitteln unterwegs. Eines Tages, es war ein sonniger Nachmittag, sprach mich eine freundliche ältere Dame in der Straßenbahn an. Sie erzählte mir aus ihrem Leben und sagte dann eindringlich zu mir: „Als ich so jung war wie Sie, war ich sehr leichtsinnig. So passierte es mir, dass ich eines Abends in einer Großstadt vergewaltigt wurde. Ich wünsche mir, dass Ihnen ein solch schreckliches Erlebnis erspart bleibt. Passen Sie gut auf sich auf!"

Kurze Zeit später war ich mit Freunden abends beim Sport. Weil wir in verschiedenen Stadtteilen der Großstadt wohnten, machte ich mich alleine auf den Nachhauseweg. Es war gerade 22.30 Uhr, als ich an einer Bushaltestelle stand und auf den Bus wartete. Die Straße, in der ich mich befand, war menschenleer. Ich fürchtete mich etwas und schaute ungeduldig auf die Uhr. Plötzlich sah ich zwei Lichter auf mich zukommen. Doch es war nicht der Bus, sondern ein Pkw, der nur wenige Meter von mir entfernt auf den Gehweg fuhr und dort hielt. Mit Entsetzen beobachtete ich, wie sich alle vier Türen des Fahrzeugs gleichzeitig öffneten und vier Männer ausstiegen. Mit schnellen Schritten näherten sie sich mir. Vor Angst stockte mir der Atem, während ich in Gedanken ausrief: „Lieber Gott, beschütze mich bitte!"

Wegzulaufen hätte keinen Sinn gehabt, denn im nächsten Augenblick hatten mich die vier Männer erreicht. Ohne ein Wort zu sagen, umstellten sie mich. Dabei traten sie mit ihrem Gesicht zu mir gewandt so nah an mich heran, dass sie mich fast berührten. Der Kreis, den sie um mich gebildet hatten, war so eng, dass ich – aus menschlicher Sicht – keinen Weg sah, zu entkommen. So blieb ich regungslos in ihrer Mitte stehen und betete in Gedanken inbrünstig weiter. Ich wollte mir nicht ausmalen, was die Männer mit mir vorhatten, und konzentrierte mich ausschließlich auf Gott: „Deine Macht ist stärker als alles andere auf der Welt, großer Gott, ich vertraue dir!" Während ich innerlich zitternd diese Gedanken an ihn richtete, erfüllte er mich mit einem tiefen Frieden im Herzen. Gott schenkte mir in dieser lebensbedrohlichen Situation das Gefühl, göttlich geschützt zu sein.

Was nun geschah, verblüfft mich heute noch: Die Männer blieben wie angewurzelt oder hypnotisiert um mich herum stehen, aber keiner wagte es, mich zu berühren. Es war, als ob Gott die Männer bewegungsunfähig gemacht hätte. Eine unsichtbare Schutzhülle umgab mich, die sie nicht durchdringen konnten. Keiner der Männer sagte ein Wort. Auch ich schwieg. Etwa eine Minute verging, ohne dass sich an der Situation etwas änderte.

Nun strahlten uns zwei Scheinwerfer an. Endlich kam der Bus, auf den ich inzwischen sehnlich gewartet hatte. Der Busfahrer lenkte den Bus in die Bucht der Bushaltestelle und hielt so, dass sich die vordere Tür direkt vor unserer kleinen Gruppe öffnete. Doch ich konnte nicht einsteigen, da die Männer mich noch immer umringten und mir dadurch den Weg versperrten. Mit klopfendem Herzen betete ich: „Hilf mir bitte, damit der Bus nicht ohne mich weiterfährt!" Kaum hatte ich diese Gedanken an Gott gerichtet, traten die beiden Männer, die mir den direkten

Weg zum Bus versperrten, einen Schritt zurück. So schnell ich konnte, lief ich in den Bus hinein. Hinter mir schloss sich sofort die Tür und der Bus fuhr ab.

Nun merkte ich, dass meine Knie weich wurden und ich zu zittern begann. Besorgt schaute ich aus dem Fenster und sah, wie die vier Männer zu ihrem Pkw liefen, schnell einstiegen und dem Bus nachfuhren. Weil die Haltestelle, an der ich aussteigen musste, in einer Unterführung lag und mich große Angst packte, informierte ich den Busfahrer und bat ihn um Hilfe. Aber er interessierte sich nicht für mein Problem. Deshalb betete ich weiter um Schutz. An meiner Haltestelle stieg ich alleine aus, lief die Treppen hoch und versteckte mich erst einmal in einem Busch. Als niemand zu sehen war, rannte ich so schnell ich konnte den Weg nach Hause.

Zuhause angekommen hatte ich das Gefühl, dass ich durch Gottes wunderbare Hilfe etwas Schrecklichem entkommen war. Gott hatte mir in dieser Nacht mächtige Engel geschickt, die einen dichten Kreis um mich gebildet hatten, damit mir der äußere Kreis der vier Männer nichts anhaben konnte. Und durch ein weiteres Wunder hatte Gott zwei der Männer dazu bewegt, mir den Weg frei zu machen, so dass ich doch noch in den Bus einsteigen konnte und sicher nach Hause kam.

Liebe Leserin, lieber Leser, ob du mir dieses sonderbare Erlebnis glaubst oder nicht, es hat sich wirklich so ereignet, und ich bin Gott überaus dankbar, dass ich dabei unversehrt geblieben bin. Sein Schutz ist wirklich perfekt, wenn wir seine Macht anerkennen. Auch in lebensbedrohlichen Situationen dürfen wir uns in seiner Liebe geborgen fühlen, denn ihm ist jedes Wunder für uns möglich!

Die Kunst, das Leben zu meistern

Hast du dich auch schon einmal gefragt, warum viele Menschen die Hilfe der himmlischen Mächte ablehnen, ja manche Menschen sogar bestreiten, dass es Gott überhaupt gibt? Wo doch das Leben mit Gott so viel schöner und leichter ist. Als ich Gott diese Frage stellte, hörte ich in meinem Inneren eine liebevolle Stimme sagen: „Es ist die Angst vor dem Unsichtbaren, dem Nichtgreifbaren. Es ist die Angst, dass etwas passieren könnte, das man sich nicht erklären kann. Es ist auch die Angst davor, dass sich im eigenen Leben etwas verändern könnte; und die Angst, als schwach zu gelten, weil man fremde Hilfe benötigt."

All diese Ängste lassen sich überwinden: durch wachsende Demut im Herzen. Mit ihr erkennen und akzeptieren wir, dass es eine liebevolle höhere Macht gibt, die stärker ist als wir Menschen: die Allmacht Gottes. Diese Macht ist gut. Gott meint es gut mit uns. Wenn wir seine Hilfe annehmen, profitieren wir sehr. Wir haben dann nicht das Gefühl von eigener Schwäche oder Ohnmacht; denn sobald Gott durch und für uns wirkt, fühlen wir in uns seine göttliche Stärke. Wie Jesaja können wir dann sagen: „Mein Gott ist meine Stärke" (Jesaja 49,5).

> Gott selbst sagt:
> *... ich führe euch und bringe euch zu erfrischenden Quellen, weil ich es gut mit euch meine. Alle Berge, die euch im Wege sind, ebne ich ein; feste Straßen schütte ich für euch auf.*
> Jesaja 49,9-11

Dies und noch viel größere Dinge will und kann Gott für dich tun! Dinge, für die unsere menschliche Kraft niemals ausreichen würde. Warum also sollten wir Gottes großartige Kraft für unser Leben ungenutzt lassen? Wir können es ja erst einmal mit kleinen Dingen probieren, wie zum Beispiel dem Finden eines guten Parkplatzes.

Die Stärke der Demütigen

Als ich vor einiger Zeit im Supermarkt einen Bekannten traf, erzählte er mir verärgert, dass er in der Stadt immer sehr lange suchen müsse, um einen Parkplatz zu finden. Begeistert berichtete ich ihm gleich die guten Erfahrungen, die meine Freunde und ich bei der Parkplatzsuche durch ein kurzes Dankgebet regelmäßig machen dürfen. Doch anstatt meinen Rat anzunehmen, Gott im Voraus für den besten Parkplatz zu danken, rief er empört: „Also nein, das geht wirklich zu weit. Einen Parkplatz kann ich schon noch alleine finden. Dazu brauche ich Gott wirklich nicht. Da suche ich lieber eine halbe Stunde!" Mit großen Augen schaute ich ihn an und wusste erst einmal nicht mehr, was ich sagen sollte. Deshalb betete ich für ihn im Stillen, dass Gott ihn auf liebevolle Weise zu sich führen möge. Wie, das wusste ich nicht. Ich überließ es Gott.

Armin, ein guter Freund, sagte mir vor einiger Zeit, als ich ihm den Tipp geben wollte, sein Problem Gott zu übergeben: „Das werde ich doch ohne Gott lösen können. Ich will mein Leben alleine meistern. Schließlich habe ich viel Lebenserfahrung."

Liebe Leserin, lieber Leser, was sagst du dazu? Können wir Menschen unser Leben wirklich ohne Gott meistern? Ich bin davon überzeugt, dass wir es nicht können. Ohne Gott können wir nicht einmal leben, geschweige denn das Leben meistern. Schon für jeden Atemzug brauchen wir Gott. Ohne ihn brächten wir nichts zustande. Er hat uns erschaffen und erhält uns am Leben.

Auch der Evangelist Johannes beschrieb diese Erkenntnis sehr treffend (Johannes 3,27): „Kein Mensch kann auch nur das

Geringste tun, wenn es ihm nicht von Gott gegeben wird." Vor einiger Zeit wurde mir dies wieder deutlich bewusst, als ich Gott in einer leeren Kirche ein Loblied singen wollte. Obwohl ich inzwischen viele Texte und Melodien auswendig kann, fiel mir hier kein einziges Lied ein. „Lieber Gott", rief ich in Gedanken aus, „ohne deine Hilfe kann ich dich nicht einmal loben. Gib mir bitte ein Lied ein. Ich danke dir dafür." Wenige Minuten später, als ich die Kirche bereits wieder verlassen hatte, hörte ich Engelsstimmen in mir, die mir eines meiner Lieblings-Loblieder vorsangen. Freudig dankte ich Gott und sang mit.

Freuen dürfen sich alle,
die nur noch von Gott etwas erwarten
und nichts von sich selbst;
denn sie werden mit ihm in der neuen Welt leben.
Matthäus 5,3

Mit diesen Worten begann Jesus Christus seine Bergpredigt. Er drückte damit aus, wie wichtig die Demut für unser Glück ist; denn die Erkenntnis, dass wir Menschen ohne Gott schwach sind und ihn für ein gelungenes Leben, ja für alles, brauchen, macht uns stark. Sie gibt uns den Mut, uns für Gottes Hilfe zu öffnen. Sie ist die Eintrittskarte in eine neue Welt, in der wir mit Gott glücklich leben – schon hier auf der Erde.

Wie hilfreich es sein kann, Gottes Hilfe demütig anzunehmen, gerade dann, wenn wir Menschen nicht weiterwissen, davon erzählt die folgende Geschichte, die ich während meiner Studienzeit erleben durfte.

Gott ist genial – mit ihm sind wir es auch!

Am Ende meines Studiums hatte ich zahlreiche Prüfungen zu absolvieren. In dieser Zeit lernte und betete ich viel, doch der Lernstoff war zu umfangreich, um optimal in allen Fächern vorbereitet zu sein. Gerade saß ich in einer mündlichen Prüfung, als mich der Professor eine Maschinenkennzahl fragte, von der ich in meinem ganzen Leben noch nie etwas gehört hatte.

Weil ich fest auf Gottes Hilfe vertraute, fragte ich ihn in Gedanken: „Lieber Gott, ich habe keine Ahnung, was der Professor von mir wissen will. Aber ich weiß, dass du alles weißt. Wie groß ist die Zahl? 10, 100 oder 1000? Was soll ich ihm antworten?" Die göttliche Antwort kam sofort und deutlich. In meinem Inneren hörte ich: „Sag 1,3." „1,3", fragte ich in Gedanken zurück, „meinst du wirklich, lieber Gott? Ist diese Zahl nicht etwas klein?" „Sag 1,3", wiederholte die Stimme in meinem Inneren energisch. „Also gut, wie du meinst!", sagte ich in Gedanken zu Gott. Dann schaute ich dem Professor in die Augen und sagte selbstsicher: „1,3." „Fantastisch!", rief der Professor begeistert aus. „Sie sind die Erste, die diese Zahl weiß, und noch dazu auf die Kommastelle genau."

Erleichtert und glücklich dankte ich in Gedanken Gott für seine wundervolle Hilfe. Als ich die Prüfung verließ, stand meine Note fest. Wie ich später erfuhr, bekam ich in dieser Prüfung die Note 1,3. Ich wusste, dass ich sie Gott zu verdanken hatte.

Nehmen wir Menschen Gottes Hilfe an, dann ...
    ... finden wir alles, was wir suchen,
       nicht nur Parkplätze.
    ... fällt uns alles wieder ein,
       was wir vergessen haben,
       nicht nur Liedtexte.
    ... meistern wir alles göttlich gut,
       nicht nur Prüfungen,
       sondern unser ganzes Leben.

Demut macht unser Leben zu einem Meisterwerk, weil Gott, der Meister allen Lebens, dann für uns und mit uns wirkt. **Demut vermählt uns mit dem Göttlichen; sie macht Gott zum ständigen Partner an unserer Seite.** Auch hilft sie uns beim Finden des menschlichen Wunsch-Partners, wie die folgende Geschichte zeigt.

Wie das Leben Armin die Demut lehrte

„Jede Situation, die du erlebst, will dir dienen", sagte einmal ein Arbeitskollege zu mir. Auch wenn inzwischen viele Jahre vergangen sind, denke ich noch oft an diese Worte. Sie trösten mich, wenn ich oder andere Menschen etwas erleben, das nach Unglück aussieht; gleich frage ich mich in einer solchen Situation, was ich oder derjenige, der sie erlebt, daraus lernen darf und welches Glück sich darin verbirgt; denn in allem liegt ein Segen. Mit Demut im Herzen können wir in einer bestimmten Situation den Blick auf das Gute lenken – auch dann, wenn wir zu diesem Zeitpunkt noch keine Spur davon erkennen können; denn wir trauen Gott zu, dass er durch unsere Gebete etwas sehr Gutes daraus entstehen lassen kann.

Es ist schon viele Jahre her, als ich vom vermeintlichen Unglück eines Freundes erfuhr. Armin, den ich zu Beginn dieses Kapitels bereits erwähnt habe, wurde im Alter von 60 Jahren von seiner langjährigen Partnerin verlassen, weil sie sich in einen anderen Mann verliebt hatte. Für Armin stürzte damit der Himmel ein. Sie war doch die Frau, mit der er alt werden wollte. Warum musste ihm das passieren? Ihre Partnerschaft war doch gut und harmonisch gewesen! Für Armin kam all dies sehr unerwartet und hinterließ bei ihm einen Schock und eine tiefe Traurigkeit.

Nachdem sich Armin davon erholt hatte, machte er sich auf die Suche nach einer neuen Partnerin. Er fühlte sich noch zu jung, um den Rest des Lebens allein zu bleiben. Aber es wollte sich keine Lebensgefährtin für ihn finden lassen. Entweder wollte ihn die Frau nicht als Partner, für die er Interesse zeigte, oder er wollte die Frau nicht als Partnerin, die sich für ihn interessierte. Viele seiner Bekannten und Freunde glaubten schon, dass er mit seinen inzwischen über 60 Jahren wohl allein bleiben müsse.

Doch Marianne, eine liebe Bekannte von Armin, und ich beteten damals für sein Glück. Wir ließen uns nicht entmutigen und dankten – jeder für sich – regelmäßig für Armins glückliche, harmonische Beziehung. Wenn wir Armin vorschlugen, sich selbst dafür im Voraus zu bedanken, schüttelte er energisch den Kopf und gab uns zu verstehen: „Nein, davon halte ich nichts. Ich bin schließlich ein Mann mit viel Lebenserfahrung und kann mein Leben selbst managen." Deshalb betete ich zusätzlich dafür, dass Armin selbst anfangen möge, Gott im Voraus voller Vertrauen zu danken. In den ersten Jahren sah es jedoch gar nicht danach aus. Stattdessen schaltete er mehrere Annoncen in Zeitungen, antwortete auf Annoncen von alleinstehenden Frauen und beauftragte Partnervermittlungen. All dies kostete ihn viel Geld, brachte ihm aber nicht den gewünschten Erfolg.

Nachdem Marianne und ich sechs Jahre für Armin gebetet hatten, geschah das erste Wunder: Armin, der bis dahin das Danken im Voraus strikt abgelehnt hatte, begann nun selbst im Voraus zu danken! Fröhlich verkündete er mir eines Tages: „Jeden Morgen bedanke ich mich für meine wunderbare Partnerin, mit der ich so glücklich bin." Ich freute mich über diese Nachricht sehr und war ehrlich gesagt erstaunt, wie geduldig er dabei durchhielt. In den folgenden vier Jahren dankte Armin auf diese Weise im Voraus und ließ sich nicht entmutigen, auch wenn die ersehnte Partnerin nicht zu existieren schien.

Doch plötzlich war SIE da: Ganz unerwartet lief sie ihm eines Tages in den Bergen über den Weg. An einer Weg-Kreuzung fragte sie Armin nach dem Weg und beschloss, denselben Weg wie er zu nehmen. Seit dieser Begegnung gehen die beiden ihren Lebensweg gemeinsam. So durfte Armin seinen 70. Geburtstag mit seiner Traumpartnerin feiern. Inzwischen sind weitere Jahre vergangenen und die beiden freuen sich bis heute über ihre harmonische, glückliche Beziehung.

Unzählige Gebete – unzähliger Segen

Manches Mal sind viele, ja unzählige Gebete nötig, bis endlich die Erhörung kommt. Aber auch das hat einen großen Vorteil: Wir können uns dabei in göttlichen Charaktereigenschaften üben: der Engelsgeduld und dem vollkommenen Vertrauen in Gottes Hilfe. Das Schöne am jahrelangen Gebet für ein Anliegen ist zu wissen:

**Je länger du beten musst,
umso größer wird das Wunder,
das Gott für dich tut.**

Mein Freund Armin erlebte nach mehreren Jahren Gebet sein beglückendes Partnerschafts-Wunder. Doch bevor es geschehen konnte, durfte er noch etwas ganz Wesentliches für sein Lebensglück lernen: sich in allen Angelegenheiten für Gottes Hilfe zu öffnen und voller Demut dafür im Voraus zu danken.

Armin ist heute davon überzeugt, dass Dankgebete helfen. Er dankt inzwischen für die verschiedensten Anliegen, zum Beispiel für die Ehe seiner Tochter oder die Schul-Situation seiner Enkelin. Erst gestern besuchte er mich und erzählte mir freudig: „Ich habe wieder eine neue Gebetserhörung, die ich dir erzählen möchte. Sie ist noch ganz frisch ..."

Es ist ein beglückendes Gefühl, wenn wir sehen, dass durch unsere stillen Gebete, die wir für andere Menschen sprechen, diese selbst zu vertrauensvollen Betern werden und dadurch beständiges Glück in deren Leben kommt.

Das Erkennen des eigenen Wertes

Stelle dir vor, Gott will dich beschenken und führt dich in einen Raum, in dem auf einem langen Tisch viele weiße Tongefäße stehen. Sie sehen aus wie Schüsseln und Vasen. Manche dieser Gefäße haben oben eine weite Öffnung, andere einen engen langen Hals. Manche der Gefäße besitzen eine kugelige Gestalt, andere haben einen schlanken Gefäßkörper. All diese Gefäße gibt es in den verschiedensten Größen, von sehr klein bis sehr groß. Suche dir jetzt ein Gefäß aus und gebe es Gott mit dankbarem Herzen, damit er es mit seinem Segen füllen kann.

Für welche Gefäßform hast du dich entschieden? Und in welcher Größe? Wenn Gott für dich die Wahl getroffen hätte, welches Gefäß hätte er für dich ausgesucht? Bestimmt hätte er sich für das Gefäß mit dem größten Volumen und der weitesten Öffnung entschieden. Schließlich will Gott dir möglichst viel möglichst schnell schenken.

Du beschenkst jeden reich, der dich in Ehrfurcht anruft.
Psalm 61,6

Der Mut zum Blick ins eigene Wesen

Immer wieder treffe ich Menschen, die glauben, dass sie die Hilfe Gottes nicht verdienen. Sie schauen auf ihre Fehler und leiten daraus ab, dass sie nicht gut genug wären. Sie meinen, dass ihnen die Segnungen und Wunder aus der göttlichen Welt nicht zustehen würden. Solche Menschen würden an Gottes Wundertisch wahrscheinlich zum kleinsten Gefäß greifen oder gar keines nehmen. Mit dieser inneren Haltung verhindern sie, dass Gottes reiche Gaben und seine Wunder in ihr Leben kommen.

Aus dieser Fehleinschätzung des eigenen Wertes holt uns die Demut liebevoll heraus. Sie zeigt uns nicht nur die Allmacht und Größe Gottes, sondern auch unseren hohen Wert als Kind Gottes. Wir stammen von Gott ab. Wir sind ein äußerst wertvolles Geschöpf von Gott. Sein guter Geist, sein göttlicher Funken, wohnt in uns. Allein das macht uns wertvoll, unabhängig von unseren Verfehlungen.

> *Du aber, unser Gott, bist gütig, treu und geduldig.*
> *Du regierst die Welt voller Erbarmen.*
> *Selbst wenn wir uns gegen dich vergehen,*
> *bleiben wir dein Eigentum,*
> *weil wir deine göttliche Macht anerkennen.*
> Weisheit 15,1.2

Somit gibt uns die Demut den Mut, der Wahrheit über uns ins Gesicht zu sehen. Wir können mutig unsere Fehler ansehen, ohne uns zu verurteilen. Wir wissen, dass wir als göttliches Wesen diese Fehler nur vorübergehend machen und Gott uns mit seiner ganzen Macht hilft, all unser Liebloses und Fehlerhaftes in Liebe und Vollkommenheit umzuwandeln.

Auch wenn wir derzeit noch unvollkommen sind, schenkt uns die Demut die Gewissheit: Schon jetzt sind wir, so wie wir sind, für Gott kostbar und unersetzlich; wir verdienen nicht nur seine Hilfe; ja Gott sehnt sich danach, uns helfen zu dürfen, um uns in unsere Vollkommenheit zurückzuführen, die er von Anfang an in uns sah und bis heute sieht; denn seine Liebe zu uns lässt ihn das göttlich Gute in uns immer sehen – auch dann, wenn es für andere oder für uns selbst derzeit noch nicht wahrnehmbar ist.

Mit Demut im Herzen fühlen wir uns deshalb immer höchst wertvoll, ohne in Gefahr zu kommen, hochmütig zu werden. Denn wir wissen ja, dass wir all das Gute, das wir sind und haben, allein Gott verdanken. Dafür loben und ehren wir Gott mit unseren dankbaren Gedanken und Gefühlen. Und ein Mensch, der dankbar ist, kann nicht gleichzeitig hochmütig sein. Dankbarkeit im Herzen und Hochmut schließen sich aus. Wir lernen, uns selbst auf göttliche Weise wertzuschätzen, denn schließlich sind wir ein Geschenk Gottes an die Welt – und an uns selbst. Du kannst dir dies immer wieder bewusst machen, indem du die folgenden aufbauenden Sätze denkst oder noch besser laut aussprichst:

ICH BIN höchst wertvoll.
ICH BIN ein göttliches Wesen.
ICH BIN göttlich gut.
ICH BIN ein Geschenk Gottes an die Welt.
ICH BIN ein Segen für die Welt.
Für all dies BIN ICH dankbar und voller Freude.

Welche göttliche, glückbringende Kraft in diesen kurzen ICH-BIN-Sätzen steckt, ist im Kapitel „Die Macht Gottes in dir" beschrieben.

Sich selbst zu schätzen bringt Schätze ins Leben

Es gibt ein geistiges Gesetz, das besagt: Gleiches zieht Gleiches an. Was du mit deinen Gedanken und Gefühlen aussendest, kommt auf dich zurück. Wenn du dich in dankbarer Demut über deinen göttlichen Wert freust, ziehst du göttliche Werte in dein Leben: Zum Beispiel werden Menschen in dein Leben treten, die deinen Wert sehr schätzen. Menschen, die dich gering achten, werden aus deinem Leben verschwinden. Deine Leistungen werden von anderen geachtet sein, da du dich selbst achtest und damit natürlich auch das, was du leistest. In dem Bewusstsein, das Allerbeste zu verdienen, wirst du das für dich Allerbeste bekommen.

Sobald du deinen hohen Wert erkannt hast, wirst du beginnen, dich zu achten und zu lieben. Und damit ziehst du die wundervollste Kraft im Universum – die Liebe – und das wundervollste Wesen der Welt – Gott – aktiv in dein Leben. Er wird dich einladen, an seinen Wundertisch zu kommen und automatisch wirst du die gleiche Wahl treffen wie Gott: Du entscheidest dich für das größte Gefäß, damit Gott seinen größtmöglichen Segen in dein Leben fließen lassen kann. Gott freut sich darüber sehr, da er dich in höchstem Maße schätzt und dir das nun durch seine wundervollen Geschenke an dich zeigen kann.

Je mehr wir uns selbst wertschätzen und dankbar sind für uns, ja für das Geschenk, das Gott uns mit uns selbst gemacht hat, umso reicher wird Gott uns beschenken und umso größer sind die Wunder, die er für uns tut.

Gott schätzt dich sogar so sehr, dass er immer sein fürsorgliches Auge auf dich richtet und deine Wünsche schon kennt, bevor sie in dir entstehen. Aus Liebe zu dir bereitet er die Erfüllung deiner Wünsche schon vor, bevor du auch nur den geringsten Gedanken daran hast und dafür zu ihm betest. Falls dann ein Wunsch in deinem Herzen entsteht und du beginnst, zu Gott zu beten, braucht Gott seine göttliche Schatztruhe nur für dich zu öffnen und kann dir das Gewünschte sofort zukommen lassen.

Deshalb ist es für Gott kein Problem, deinen Wunsch in unvorstellbar kurzer Zeit zu erfüllen. Dabei spielt es auch keine Rolle, ob es sich um einen kleinen oder sehr großen Wunsch handelt. Für Gott macht es keinen Unterschied, ob er ein kleines Wunder oder ein sehr großes Wunder geschehen lässt. Voller Liebe ruft dir Gott aus seiner göttlichen Schatzkammer zu:

 Weil du für mich so wertvoll bist, gebe ich alles für dich!

Der einzige begrenzende Faktor dabei ist unser menschliches Denken. Glauben wir, dass es lange dauert, bis ein großes Wunder geschehen kann – wählen wir auf Gottes Wundertisch also ein großes Gefäß mit einem engen langen Hals aus – verlangsamen wir den göttlichen Segenfluss durch unsere einschränkende Überzeugung.

Die Demut hilft dir, liebe Leserin, lieber Leser, nicht menschlich, sondern göttlich zu denken: Mit ihr bist du felsenfest davon überzeugt, dass Gott alles, ja wirklich alles möglich ist, und Gottes Wirken nicht den Beschränkungen der Zeit unterliegt. Du wählst das größte Gefäß mit der größten Öffnung und überlässt es Gott, wann er das gewünschte Wunder geschehen lassen will. Du vertraust, dass er den richtigen Zeitpunkt liebevoll für dich auswählt. Mit dieser Einstellung darfst du erleben, dass kleine und große Wunder sofort geschehen können.

Das rasante Wunder im Briefkasten

Jedes Mal, bevor ich an meinen Büchern zu schreiben beginne, versenke ich mich ins Gebet und in mein Christusbild, das direkt vor mir auf meinem Schreibtisch steht. Dieses Bild zeigt Kopf und Schultern von Jesus Christus in Lebensgröße. Ich liebe es, Jesus in die Augen zu schauen und seine heilige Energie in mich aufzunehmen.

Während ich die ersten Texte für dieses Buch empfing, spürte ich, dass mich neben meinem geliebten Meister Jesus Christus ein weiteres sehr liebevolles, kraftvolles Wesen inspirierte: Saint Germain. Er ist ebenfalls ein göttlicher Meister und arbeitet mit Jesus Christus in der geistigen Welt eng zusammen. Deshalb wünschte ich mir ein Bild von Saint Germain, um es neben mein Christusbild zu stellen. Kurz nachdem dieser Wunsch in mir entstanden war, ging ich am selben Tag nichts ahnend zu meinem Briefkasten, um die Post dieses Tages herauszuholen. Als ich den Briefkasten öffnete, freute ich mich sehr, denn es schaute mir ein Brief meines lieben Freundes Michael entgegen. „Was er mir wohl schreibt?", fragte ich mich, während ich das Briefkuvert öffnete. Bestimmt kannst du, liebe Leserin, lieber Leser, nachempfinden, wie freudig überrascht ich war, als ich aus dem Kuvert mehrere Bilder von Saint Germain herauszog. Wie ich von Michael später erfuhr, bekam er einige Tage zuvor den Impuls, diese Bilder für mich zusammenzustellen und sie mir zu schicken.

Dieses Erlebnis zeigte mir deutlich, dass Gott unsere Wünsche kennt, bevor wir sie kennen. Und weil er uns so sehr liebt, ist es ihm ein Vergnügen, schon im Voraus alles für uns einzufädeln. Sicher könnte manch einer sagen, es wäre ein Zufall gewesen, dass die Bilder von Saint Germain am selben Tag in meinem Briefkasten lagen. Doch wer beginnt, Gottes Wirken demütig zu erfassen, der weiß: Es gibt keine Zufälle! Glückliche „Zufälle" lässt Gott uns Menschen zufallen. Und glücklich darf sich jeder schätzen, der dies erkennt.

Gerade hatte ich diese Zeilen geschrieben, als ich den Impuls bekam, meine Hand auf die Bibel zu legen und für eine passende Bibelstelle zu danken. Im nächsten Moment schlug ich eine Seite auf und las ehrfürchtig die Worte:

Wer steht dahinter, wer bewirkt das alles?
Etwa ein anderer als der, der von Anfang an
die Geschichte der Menschheit lenkt?
Ich war es, der Herr; ich bin der Erste,
und bis zuletzt bleibe ich der Herr.
Jesaja 41,4

Ja, Gott ist es, der für dich göttliche Zufälle geschehen lässt und alles Gute bewirkt. Er lenkt nicht nur die Geschichte der Menschheit, sondern kümmert sich auch liebevoll um all deine Anliegen. Nichts erscheint Gott zu geringfügig, keiner deiner Wünsche ist Gott zu unbedeutend. Nur unser menschliches Denken lässt uns manchmal meinen, dass wir mit Kleinigkeiten nicht den großen Schöpfer belästigen sollten. Doch Gottes Botschaft an dich ist: Du belästigst Gott niemals. Im Gegenteil: Du erkennst ehrfürchtig seine Größe an, wenn du ihm zutraust, dass er sich um alle großen und kleinen Angelegenheiten all seiner Geschöpfe gleichzeitig kümmern kann. Vater-Mutter-Gott wartet nur darauf, alles – auch die kleinsten Dinge – für dich tun zu dürfen; denn er liebt dich auf unbeschreibliche Weise. Du bist sein kostbarer Schatz, dessen Glück ihm sehr am Herzen liegt: im Kleinen wie im Großen!

Ich genieße es sehr, mit all meinen Kleinigkeiten zu Vater-Mutter-Gott kommen zu dürfen. Und ich staune immer wieder, wie unglaublich schnell seine Hilfe kommt, wenn ich demütig darauf vertraue. Dass auch große Wunder rasant schnell geschehen können, zeigte mir Gott durch ein Erlebnis, das mein Leben grundlegend verändert und um ein Vielfaches schöner gemacht hat:

Die sofortige Lieferung eines himmlischen Arbeitspartners

Es war ein Tag im September 2006. Meine Mutter war gerade bei mir zu Besuch, als sie plötzlich mit kraftvollem Ton sagte: „Ich glaube, du brauchst einen Arbeitspartner, mit dem du deine vielen Ideen und Projekte gemeinsam verwirklichen kannst." Kurz darauf ging sie nach Hause und ließ mich mit dieser genialen Idee allein. Während ich über ihre Worte nachdachte, stieg in mir der sehnliche Wunsch nach einem Menschen auf, der so wie ich davon begeistert ist, Gott und seinen Geschöpfen zu dienen. Ich wünschte mir jemanden, dessen Lieblingsthemen Liebe, Dank im Herzen und Friede auf Erden sind, um gemeinsam mit ihm dafür zu arbeiten.

Wenige Tage später rief ich in der Buchhandlung an, in der ich meine erste Autorenlesung zu meinem Buch „Die heilende Kraft des Dankens" halten sollte. Ich wollte mit der Leiterin die Formalitäten besprechen. Doch sie war gerade verreist. Am Apparat war Michael, ein Mitarbeiter der Buchhandlung, dessen freundliche Stimme mich regelrecht verzauberte. Wir kamen ins Gespräch über mein Buch und er erzählte mir, dass er täglich über die Liebe meditiere und das Thema Dankbarkeit ihn sehr interessiere. Während unseres Gesprächs lief im Hintergrund eine Meditationsmusik und es kam mir so vor, als ob ich mit einem Engel telefoniere. Immer wieder schaute ich mein Telefon an und dachte mir: „Ein irdisches Telefon, ein irdischer Telefonhörer, eine irdische Telefonnummer – und dennoch bin ich mit dem Himmel verbunden." Am Ende unseres Gesprächs sagte mir Michael, dass er den Satz „Gott in mir, ich danke dir" sehr liebe. Als ich den Hörer aufgelegt hatte, spürte ich ein riesiges Glücksgefühl in mir.

Dieses Telefonat war der Beginn einer himmlischen Arbeitspartnerschaft für Gott. Wie ich später erfuhr, arbeitete Michael, der Kunstmaler und ausgebildeter Kunsttherapeut ist, nur stundenweise und erst seit wenigen Tagen in dieser Buchhandlung. Heute ist dieser Michael mein engster Freund, mit dem ich bereits unzählig viele, hochinteressante Gespräche über Spiritualität führen durfte; er ist mein Meditationspartner und Künstlerkollege: Er malt meine inneren Bilder auf Leinwand, hat bereits eines meiner noch unveröffentlichten Bücher illustriert und steht mir bei meiner göttlichen Lebensaufgabe mit vielen weiteren wertvollen Diensten seit Jahren treu zur Seite. Wir sind Gott so dankbar, dass er unser Zusammenkommen schon perfekt vorbereitet hatte, als wir noch gar nichts davon ahnen konnten.

Wie ein blitzschnell erhörtes Gebet mich eine göttliche Weisheit lehrte

Als ich meinen ersten Vortrag über mein Buch „Die heilende Kraft des Dankens" hielt, begleitete mich die Veranstalterin am nächsten Morgen zum Bahnhof. Während wir zum Gleis gingen, sagte sie mir, dass ihr das Danken gefalle, weil es mit Demut zu tun habe. „Dies ist ein interessanter Gedanke", dachte ich mir und bat Gott im Stillen: „Lieber Gott, verdeutliche mir den Zusammenhang zwischen Demut und Danken an einem praktischen Beispiel. Schenke mir ein Erlebnis dazu. Danke!" Gott erfüllte meinen Wunsch sofort: Meine Begleiterin und ich standen jetzt am Bahnsteig und warteten auf meinen Zug. Als er abfahren sollte, wurde über den Lautsprecher durchgesagt, dass mein Zug auf unbestimmte Zeit nicht kommen würde, frühestens in ein bis zwei Stunden. Ich wunderte mich kurz, weil ich am Morgen im Hotel Gott im Voraus gedankt hatte, dass „er die Reise segnet und ich planmäßig um 15 Uhr in meiner Heimatstadt gut angekommen bin". Schließlich hatte ich eine Reise von sechs Stunden mit drei Zügen vor mir.

Im nächsten Moment entdeckte meine Begleiterin, dass ein anderer Zug am anderen Gleis auch zu meinem ersten Umsteige-Bahnhof fahren würde. Schnell verabschiedeten wir uns und ich sauste in diesen Zug hinein. Als ich eingestiegen war, stellte ich fest, dass ich in diesem Waggon der einzige Fahrgast war. Jetzt ertönte der Lautsprecher: „Nicht in die hinteren drei Waggons einsteigen. Diese werden in Kürze abgehängt und aufs Abstellgleis gefahren." „Mit mir!", dachte ich entsetzt, denn sämtliche Türen des Waggons ließen sich nicht mehr öffnen. Sie waren bereits verriegelt. „Lieber Gott", rief ich in Gedanken aus, „das kann doch nicht sein, dass ich hier in dieser Stadt für dich einen Vortrag hielt und du mich jetzt aufs Abstellgleis fahren lässt! Ich weiß, dass es ein Fehler war, ohne zu schauen in den Zug zu rennen. Aber ich weiß auch, dass ich es trotzdem wert bin, deine Liebe und Hilfe zu empfangen. Ich danke dir jetzt schon, dass du mich gerettet hast!"

Einen Augenblick später setzten sich die Waggons in Richtung Abstellgleis in Bewegung. Während ich dies voller Entsetzen registrierte, hörte ich eine liebe Stimme in meinem Inneren sagen: „Du musst den SOS-Knopf drücken!" Dabei wurde mein Blick auf einen roten Knopf gelenkt. Diesen Knopf hatte ich zuvor gar nicht gesehen. „SOS" las ich darauf und dachte mir: „Genau den brauche ich jetzt. Schließlich bin ich ja in Not." Sofort drückte ich kräftig auf den Knopf und es meldete sich die

Bahnpolizei. Als ich mein Anliegen mitteilte, erklärte mir die Stimme: „Das kann etwas dauern, denn die Meldung läuft über das Nachbarland." Der Zugteil, in dem ich mich befand, rollte inzwischen langsam weiter in Richtung Abstellgleis. Nun hatte ich zwei Möglichkeiten: mich zu ärgern und zu befürchten, dass der vordere Zugteil bereits abgefahren war – oder Gott zu loben und freudig im Voraus dafür zu danken, dass „ich planmäßig um 15 Uhr in meiner Heimatstadt angekommen bin". Ich entschied mich für das Zweite, auch wenn mir mein Wunsch inzwischen sehr unrealistisch vorkam.

Während ich Gott für seine Güte lobte, stoppte plötzlich der Zugteil, in dem ich mich befand, und ein Herr befreite mich. Auf meine Frage, ob der vordere Zugteil noch da sei, antwortete er: „Natürlich, den fahre ja ich." Gemeinsam liefen wir zum vorderen Zugteil, ich stieg erleichtert ein und der Zug fuhr ab. Gott sei Dank mit mir!

Als dieser Zug an meinem ersten Umsteige-Bahnhof ankam, war mein Anschlusszug längst abgefahren. Am Bahnsteig lernte ich eine fröhliche Frau kennen, die den gleichen Zug wie ich verpasst hatte. Weil der nächste Zug erst in einer Stunde ging, beschlossen wir, mit einem anderen Zug weiterzufahren, der allerdings nur die Hälfte der geplanten Strecke fuhr. Während wir nun gemeinsam im Zug saßen und laut überlegten, wie wir auf halber Strecke weiterkommen könnten, sprach uns eine Frau an, die einen Anschlusszug wusste. Sie bereitete uns darauf vor, dass wir nur drei Minuten Umsteigezeit haben würden. Am Bahnhof angekommen, rannten wir dieser Frau hinterher und stiegen mit ihr in den Zug, der mich zu meinem nächsten Umsteigebahnhof bringen sollte. Hinter uns schloss sich die Zugtür und wir fuhren sofort ab. Diese Frau hatte uns Gott geschickt, denn ohne sie hätten wir den nächsten Zug niemals so schnell gefunden.

Am nächsten Bahnhof hatte ich wieder nur drei Minuten Umsteigezeit, aber ich schaffte es. So schnell ich konnte, lief ich durch die Unterführung und die Treppe hoch, um zum gewünschten Gleis zu kommen. Dort stieg ich in die nächste Tür meines Zuges ein, die sich hinter mir sofort schloss. Im nächsten

Moment fuhr der Zug ab und ich setzte mich auf irgendeinen Platz, um zu verschnaufen. Überaus dankbar saß ich nun in meinem geplanten Intercity, der mich in meine Heimat brachte. Als ich mich nach meinem reservierten Sitzplatz umschauen wollte, stellte ich überrascht fest, dass ich bereits darauf saß! Ich bewunderte Gott, wie er alles ganz wunderbar geführt hatte. Trotz des nicht erschienenen Zuges und meines Fehlers kam ich pünktlich zu Hause an, auch wenn ich mehr Züge als geplant nehmen musste.

Aus diesem Erlebnis lernte ich, dass Dankbarkeit und Demut im Herzen zusammengehören: Auch wenn trotz unseres Gebets etwas nicht planmäßig läuft, lohnt es sich, hartnäckig weiterzubeten und Gott zu loben; denn wir wissen, dass Gott jede Situation zum Guten führen kann. Er bringt uns immer gut ans Ziel, auch wenn manchmal ein Umweg nötig ist. Beruhigend zu wissen ist auch, dass wir Menschen Fehler machen dürfen. Gott liebt uns trotzdem und hilft uns immer auf unglaubliche Weise, wenn wir ihm im Voraus danken. Obwohl wir unsere Fehler erkennen, dürfen wir uns liebenswert und wertvoll fühlen.

Dankbare Demut ...

... **lässt dich vertrauen, dass** *Gott als mächtiger Vater* **alles zum Guten wenden kann, und gibt dir die Kraft, ihn bereits im Voraus dafür zu loben.**

... **beruhigt dich, weil du weißt, dass** *Gott als gütige Mutter* **dich bedingungslos liebt und dir auch dann gerne hilft, wenn du Fehler gemacht hast – egal welche.**

... **schenkt** *dir als kostbares Kind Gottes* **ein göttliches Selbstwertgefühl und das Selbstbewusstsein, dass du Gottes Hilfe immer verdienst. So kannst du trotz gemachter Fehler Gott freudig für den glücklichen Ausgang der Situation danken.**

So wie Gott mich in diesem Erlebnis vom Abstellgleis holte und durch mehrere wunderbare Fügungen rechtzeitig zu meinem Zielbahnhof brachte, so kann er dies auch in allen anderen Lebensbereichen tun und uns zum richtigen Zeitpunkt an unser gewünschtes Ziel bringen. Im Folgenden ist ein solch eindrucksvolles Wunder beschrieben.

Vom beruflichen Abstellgleis zur Wunschstelle

Wie positiv sich unser Leben ändern wird, wenn wir unseren Wert erkennen, davon erzählt die folgende Geschichte, die eine junge Frau namens Liliana vor einigen Jahren erlebte:

Als ich mein Studium beendet hatte, schrieb ich über 70 Bewerbungen, ohne auch nur ein einziges Mal zu einem Vorstellungsgespräch eingeladen zu werden. Nach Monaten gab ich entmutigt auf, in meinem Beruf eine adäquate Stelle zu finden. Weil ich dringend Geld brauchte, um meine Miete zu zahlen, sah ich mich gezwungen, eine Stelle anzunehmen, die weit unter dem Niveau meines Universitäts-Abschlusses lag. Ich fand mich mit meiner Situation ab und gab in der kleinen Firma, in der ich nun beschäftigt war, mein Bestes. Zusätzlich zu meiner normalen Arbeit führte ich neue, arbeitserleichternde EDV-Programme in die Firma ein und schulte die Mitarbeiter darin. Ich entwickelte neue Konzepte und Verbesserungen in der Büroorganisation, die sich gewinnbringend für die Firma auswirkten.

Doch anstatt meinen Einsatz zu honorieren, machte sich der Firmenchef einen Sport daraus, mich zu demütigen. Er zahlte mir das niedrigste Gehalt der ganzen Firma, obwohl ich deutlich besser ausgebildet war als alle meine Kollegen. Er verhöhnte mich regelmäßig, dass meine „hohe" Ausbildung nichts wert sei, da ich keine adäquate Stelle gefunden hatte. Sein demütigendes

Verhalten ging so weit, dass er eines Tages auf den Schreibtisch stieg, an dem ich saß, um aus einem Wandregal etwas herauszunehmen. Beim Herunterspringen stützte er sich mit der Hand auf meinem Kopf ab. Dabei spürte ich einen stechenden Schmerz in meiner Halswirbelsäule.

Dieses Erlebnis machte das Maß voll. Noch war es mir zwar aus finanziellen Gründen nicht möglich, die Firma sofort zu verlassen, aber in meinem Inneren veränderte sich etwas. Ich betete zu Gott um Hilfe. Ich wusste zwar nicht, wie diese Hilfe aussehen sollte – und ehrlich gesagt hatte ich mich damit abgefunden, nie in meinem Wunschberuf arbeiten zu können –, aber durch meine Gebete erwachte mein göttliches Selbstbewusstsein. Jetzt wusste ich: „Ich habe eine bessere, ja die beste Behandlung verdient. Ich bin sehr wertvoll, meine Ausbildung ist sehr wertvoll und meine Arbeitsleistung ist sehr wertvoll!" Während ich monatelang weiterbetete und mir diese aufbauenden Sätze in Gedanken vorsagte, wuchs mein Selbstwertgefühl immer mehr. Und plötzlich geschah das Wunder:

Obwohl ich schon lange keine Bewerbung mehr abgeschickt hatte, lag in meinem Briefkasten eine Einladung zu einem Vorstellungsgespräch. Eine große öffentliche Einrichtung, bei der ich mich nach meinem Studium beworben hatte, meldete sich jetzt völlig unerwartet bei mir. Freudig bereitete ich mich auf das Gespräch vor. Neben meinen fachlichen Vorbereitungen sendete ich in Gedanken an meinen neuen Wunscharbeitgeber folgende Gedanken: „Ich bin für euch die Partie. Ihr dürft euch glücklich schätzen, wenn ihr mich als Mitarbeiter bekommt. Ich bin für euch sehr wertvoll und leiste Hervorragendes!" Zusätzlich betete ich zu Gott, dass er mir die Stelle schenken möge, wenn es auch sein Wille für mich und die Einrichtung sei.

Das Vorstellungsgespräch verlief sehr gut. Ich strahlte meine innere Haltung, mein göttliches Selbstbewusstsein, aus und der Funken sprang über. Natürlich sprach ich meine Überzeugungssätze („Ich bin für euch die Partie...") nicht vor meinen Gesprächspartnern laut aus. Das hätte überheblich gewirkt. Aber auf unsichtbarem Wege kam diese Botschaft bei meinem Gegenüber an und wirkte. Meine Gesprächspartner zeigten mir schon während des Gesprächs ihre Wertschätzung. Allerdings sagten sie mir, dass sie aufgrund der hohen Bewerberzahl noch einige andere Gespräche zu führen hätten und noch keine Entscheidung treffen könnten. Deshalb erzählte ich Ihnen all meine Ideen, die ich umsetzen wollte, wenn ich die Stelle bekommen sollte. Diese Ideen dienten nicht nur der Einrichtung, sondern auch dem Allgemeinwohl, und ich dachte mir: „Falls ich diese Stelle nicht bekommen sollte, dann sollen wenigstens meine edlen Gedanken durch jemand anderen verwirklicht werden."

In der folgenden Wartezeit betete ich weiter um Gottes Hilfe und sendete immer wieder meine Überzeugungssätze in Gedanken an die Einrichtung. Nach zwei Wochen bekam ich die Nachricht, dass man sich für mich entschieden habe. Ich jubelte Gott zu und dankte ihm für seine Hilfe.

Als ich kurze Zeit später glücklich an meinem neuen Schreibtisch in meiner Wunsch-Arbeitsstelle saß, durfte ich erfahren, dass dieses Wunder noch viel größer war, als ich gedacht hatte: Gerade öffnete einer meiner neuen Kollegen meine Bürotür und kam zu mir an meinen Schreibtisch. Er musterte mich sehr genau und sagte zu mir: „Verzeihen Sie mir bitte, dass ich Sie mir so genau ansehe. Aber ich möchte gerne wissen, was an Ihnen so außergewöhnlich ist, dass Sie diese Stelle bekommen haben!" Ich musste lachen und bat ihn um eine Erklärung. Dann erzählte er mir, dass diese Stelle schon vor der Ausschreibung fest einem guten Freund unseres gemeinsamen Chefs versprochen gewesen sei. Außerdem sei in dieser Abteilung bisher kein einziger Mitarbeiter angestellt worden, der nicht zuvor lange Zeit ehrenamtlich dieser Einrichtung gedient habe. Ich sei der erste Mitarbeiter, dem es ohne dies gelungen sei. Er fragte mich, ob ich irgendwelche Beziehungen zu wichtigen Personen dieser Einrichtung hätte. Kopfschüttelnd sagte ich ihm: „Nein, das habe ich nicht. Ich kannte vor meinem Vorstellungsgespräch niemanden aus dieser Einrichtung. Dieses große Wunder habe ich Gott zu verdanken!"

Liliana

Demut erlöst dich von allen Demütigungen

Die Geschichte von Liliana zeigt, dass Gott nicht will, dass du dich demütigen lässt. Er wünscht sich stattdessen, dass du von Herzen demütig bist.

Die **Demut** ist wie ein **göttlicher Spiegel,** in dem du das großartige Bild siehst, das Gott von dir hat.

Ein Blick in den **Spiegel Gottes** schenkt dir göttliches Selbstbewusstsein, weil er dir bewusst macht, dass du göttlich gut und kostbar bist.

Ein
Blick in den
Spiegel Gottes

Sobald du deinen Blick auf das Göttliche in dir richtest, beginnt sich dein Wesen zu wandeln. Du entwickelst eine selbstbewusste Ausstrahlung und hast ein sehr gutes Bild von dir, unabhängig davon, was andere über dich denken oder sagen. Du bist nicht mehr bereit, dir das demütigende Verhalten der anderen gefallen zu lassen. Du erkennst, dass Menschen, die dich schlecht behandeln, nicht mehr in dein Leben passen.

Der Wandel in deinem Inneren führt schließlich zu einem Wandel in deiner äußeren Welt. Denn die neu gewonnene Demut in deinem Herzen ist für Gott ein Zeichen, dass du ihm zutraust, alles für dich zum Besten zu verändern. Er wird dir nun Türen öffnen, die vorher fest verschlossen waren. Durch eine Tür werden die Menschen aus deinem Leben gehen, die dir nicht mehr dienen. Durch eine andere Tür werden neue Menschen in dein Leben kommen, die dich und deine Arbeit wertschätzen und dir eine Behandlung schenken, wie sie dir als göttliches Wesen zusteht!

Nur wer dich achtet und ehrt, ist deiner auf Dauer auch wert!

Die Kraft zu verzeihen

Hast du deinen eigenen göttlichen Wert erst einmal entdeckt, fällt es dir viel leichter, auch deine Mitmenschen als wertvolle Geschöpfe Gottes anzuerkennen; selbst dann, wenn deren Handeln derzeit nicht von der Liebe bestimmt ist. Weil du um deine eigenen Fehler weißt, kannst du nachsichtiger mit deiner Umwelt sein. Du bist voller Zuversicht, dass Gott jeden Menschen in einen guten, liebevollen Menschen verwandeln kann. Demut im Herzen gibt dir die Kraft, das Göttliche im Nächsten zu sehen und ihm alles zu verzeihen.

Du, Gott, besitzt Macht und Weisheit.
Gott ..., dich rühme und preise ich!
Du hast mir Weisheit und Kraft verliehen ...
Daniel 2,20.23

Gott kann dir seine göttliche Weisheit schenken. Mit ihr kannst du dich in deine Mitmenschen einfühlen, denn Gott kann dir Einblicke gewähren in die Herzen deiner Mitmenschen und dir damit ihr Verhalten erklären. Somit verleiht Gott dir die Kraft, zu verzeihen. Er lässt dich damit weise handeln, denn das Verzeihen ist für dein Glück sehr wichtig. Erst wenn dein Herz frei von Vorwürfen und Verbitterung ist, kannst du die reichen Gaben Gottes empfangen. Ein kurzes Gebet hilft dir dabei:

ICH BIN erfüllt von Gottes Weisheit und Kraft.
ICH BIN göttliches Mitgefühl und Heilung für alle.
ICH BIN voller Vergebung, Liebe und Frieden.

**ICH BIN dankbar, dass das Gute
in meinen Mitmenschen bereits gesiegt hat.
ICH BIN dankbar, dass meine Mitmenschen
den Weg der Liebe gehen.
Für all dies lobe und preise ich Gott.**

Wenn du mit diesen oder ähnlichen Worten immer wieder betest, signalisierst du Gott, dass du bereit bist, an das Gute im Nächsten zu glauben und ihm zu vergeben. Deshalb wird Gott alles tun, um dir zu helfen. Er wird dich weise, kraftvoll und gütig machen. Er wird dein Herz von allem Groll, Ärger und Schmerz reinigen und es mit Liebe und Frieden füllen. Du wirst erleben, wie das Verzeihen ein herrlich befreiendes Gefühl in dir erzeugt.

Wie unsere „Feinde" uns dienen

Dass unsere „Feinde" ein Segen für uns sind, das durfte Liliana, deren Geschichte im vorigen Kapitel beschrieben ist, selbst erfahren. Hätte ihr alter Chef sie korrekt behandelt, hätte Liliana keinen dringenden Anlass gehabt, ihre Situation zu ändern. Doch durch sein demütigendes Verhalten brachte dieser Chef Liliana in eine Notlage, die sie veranlasste, sich an Gott zu wenden.

Gott spricht:
Die Not wird sie lehren, nach mir zu fragen.
Hosea 5,15

So konnte Gott für sie tätig werden: Er half Liliana, ihren göttlichen Wert zu erkennen, und schenkte ihr das, was er für sie vorgesehen hatte: eine Arbeitsstelle, bei der sie ihre Fähigkeiten voll einsetzen konnte und reichlich Anerkennung erfuhr.

Am Beispiel von Liliana wird deutlich, dass Menschen, die uns momentan nicht gut behandeln, uns dienen. Sie helfen uns, zu Gott zurückzufinden oder noch näher zu ihm zu kommen. Sie veranlassen uns, Gott um Hilfe zu rufen, göttliche Eigenschaften wie zum Beispiel die Demut zu entwickeln und durch Gott dorthin zu gelangen, wo wir nach seinem Willen hingehören: auf den göttlich guten Platz, den Gott für uns vorgesehen hat; auf den für uns allerbesten Platz, den wir als Kind Gottes schließlich verdienen.

Als Liliana ihre alte Arbeitsstelle kündigte, versuchte ihr Chef sie zu halten und bot ihr ein deutlich höheres Gehalt als bisher an. Doch Liliana war froh, durch Gottes Hilfe endlich ihre Wunschstelle gefunden zu haben. Nun durfte sie dort all ihre guten Ideen selbst in die Tat umsetzen und für ihre Mitwelt viel Gutes tun. Ihre neu gewonnene Demut im Herzen gab Liliana die Kraft, ihrem alten Chef ganz zu verzeihen und ihm sogar dankbar zu sein; denn er war es, der sie näher zu Gott und zum Umdenken gebracht hatte.

Die Erkenntnis, dass deine „Feinde" dir, liebe Leserin, lieber Leser, dienen, macht es dir leichter, diesen Menschen zu verzeihen. Letztlich wirst du ihnen für ihren Dienst sogar dankbar sein.

Das Gute in deinem Inneren wird zum Guten in deinem Leben

Wünscht denen, die euch verfolgen, Gutes.
Bittet Gott um seinen Segen für sie ...
Römer 12,14

Demut im Herzen gibt dir die Kraft, deinen „Feinden" nicht nur zu verzeihen, sondern ihnen sogar von Herzen Gutes zu wünschen und sie zu segnen. Mit deinem Segen schickst du diesen Menschen das Beste, was es gibt: göttliche Energie, die viel Gutes in ihnen und in ihrem Leben bewirken kann. Selbst wenn der gesegnete Mensch dieses göttliche Geschenk noch nicht zur

Wirkung kommen lassen will, weil er sich noch nicht ändern möchte, weißt du:

Alles Gute, was du aussendest, kommt in vielfachem Maße auf dich zurück.

Der Segen, den du verteilst, kommt als Segen auf dich selbst zurück. Deine friedvollen Gefühle, die du in deinem Inneren hegst und nach außen strahlst, wird dir Frieden im Außen bringen. Diese Wahrheit wurde mir deutlich bewusst, als ich sie selbst im praktischen Leben erfuhr:

Vor einigen Jahren erlebten mein Mann Michael und ich es immer wieder, dass unfreundliche Passanten an unserem Gartenzaun vorbeiliefen. Sie grüßten uns nicht, drehten ruckartig den Kopf weg, wenn wir sie grüßten, oder gaben uns zu verstehen, dass wir sie mit unserem Gruß nicht belästigen sollten. Ein Alkoholiker, der täglich an unserem Zaun vorbeilief, beschimpfte uns sogar und drohte, uns etwas anzutun. Wir segneten all diese Menschen und dankten Gott im Voraus immer wieder für Harmonie und Frieden in unserer Umgebung. Wie ich in meinem Buch „Die heilende Kraft des Dankens" beschrieben habe, erlöste uns Gott von all diesen unfreundlichen Menschen und schickte uns freundliche Passanten, die an unserem Grundstück von nun an entlangliefen.

Doch Gott ließ es nicht allein dabei. Er schenkte uns noch ein Wunder: Inzwischen sind mein Mann Michael und ich mehrere hundert Kilometer weggezogen. Seitdem wir an unserem neuen Wohnort leben, läuft nahezu täglich eine ältere Frau an unserem Gartenzaun vorbei, die uns freundlich grüßt und segnet! Wenn wir im Garten sind, ruft sie uns zu: „Gottes Segen für Sie, Ihre Lieben und Ihre Arbeit!", oder: „Viel Segen für Ihr Heim, für Ihren Garten und besonders für Sie!" Wenn wir im Haus sind, winkt sie uns durch die Scheiben zu und streckt uns ihre Hand-Innenfläche entgegen. Damit will sie uns zeigen, dass sie uns gerade wieder segnet. So werden wir nun regelmäßig gesegnet, weil wir an unserem alten Wohnort regelmäßig diejenigen segneten, die uns schlecht behandelt hatten. Der Segen dieser lieben Frau tut uns sehr gut. Vor allem zeigt er uns, wie die göttliche Gerechtigkeit wirkt. Und sie wirkt immer. Deshalb brauchen wir Menschen uns nur nach Gottes Willen zu richten, das heißt andere – auch wenn sie uns schlecht behandeln – zu achten, zu lieben und sie zu segnen. Dann werden auch wir eines Tages selbst geachtet, liebevoll behandelt und gesegnet werden. Dies ist ein göttliches Gesetz, wie Jesus in seiner Bergpredigt erklärte:

So wie ihr von den Menschen behandelt werden möchtet, so behandelt sie auch.
Denn das ist die Botschaft des Gesetzes ...
Matthäus 7,12

Sobald wir Menschen das Prinzip der göttlichen Gerechtigkeit verstanden haben, fällt uns das Verzeihen ganz leicht. Wir suchen keine Vergeltung oder Rache, weil wir wissen, dass unsere „Feinde" sich mit ihrem lieblosen Verhalten selbst strafen; denn es wird auf sie zurückkommen. Jeder wird ernten, was er gesät hat (Galater 6,7). In unserem Herzen sind keine Verbitterung und keine Angst vor den „Feinden", denn wir wissen, dass Gott auf unserer Seite ist, wenn wir in der Liebe bleiben.

... ihr Gott kämpft für sie,
weil sie sich an die Gesetze halten,
die er ihnen gegeben hat.
2. Makkabäer 8,36

Fragst du dich jetzt, wie du es schaffen sollst, auch in schwierigen oder bedrohlichen Situationen dich an Gottes Gesetze zu halten, also in der Liebe zu bleiben? Noch dazu, wenn du für deine „Feinde" doch gar keine Liebe empfindest. Kannst du wirklich die Menschen lieben, die dich schlecht behandeln? Die Antwort lautet: Ja, du kannst das. Du schaffst es! Noch dazu ganz einfach, indem du immer wieder das folgende kurze Gebet sprichst:

ICH BIN die reine, göttliche Liebe und vertraue dankbar auf die göttliche Gerechtigkeit. Ich segne die Situation und alle Beteiligten. ICH BIN ein Segen für alle. Danke.

Mit diesen kraftvollen Worten aktivierst du die göttliche Liebe in dir. Erfüllt von Nächstenliebe macht es dir sogar Freude, deine „Feinde" zu segnen. Und deinen „Feinden" bleibt jetzt nur noch die Wahl, sich zu bessern oder irgendwann aus deinem Leben zu verschwinden. Das Neue, das anschließend in dein Leben kommen wird, ist ein Segen für dich. Dafür sorgt das göttliche Gesetz!

Der Mut, ehrlich zu sein

In unserer Welt haben oftmals diejenigen das Nachsehen, die ehrlich sind, vor allem in finanziellen Angelegenheiten. Demut schenkt dir die Kraft und den Mut, ehrlich zu sein und zur Wahrheit zu stehen, auch wenn es dir vermeintliche finanzielle oder andere Nachteile einbringen könnte; denn als demütiger Mensch weißt du, dass Gott dein reines Herz sieht und er sich deshalb mit all seiner Fürsorge für dein höchstes Wohl einsetzt. Er wird dir nicht nur alles Nötige für dein Glück, sondern noch VIEL MEHR schenken, wenn du selbst ehrlich bist.

Ich, der Herr, euer Gott, sage euch, was ihr tun und wie ihr leben sollt. Meine Weisungen sind gut. Achtet deshalb auf meine Gebote! Dann werdet ihr Frieden haben, und es wird euch an nichts fehlen; euer Wohlstand wird anschwellen wie ein Strom, wird sich ausbreiten wie die Wogen des Meeres.
Jesaja 48,17.18

Gott wünscht sich von uns, dass wir von Herzen gut und ehrlich sind. Sind wir es nicht, auch im Kleinen, stehen wir unserem eigenen Glück im Wege. Jesus erklärte das mit den Worten:

Nur wer im Kleinen ehrlich ist, wird es auch im Großen sein. Wenn ihr bei kleinen Dingen unzuverlässig seid, werdet ihr es auch bei großen sein. Geht ihr also schon mit Geld unehrlich um, wer wird euch dann die Reichtümer des Himmels anvertrauen wollen?
Lukas 16,10.11

Sich die Reichtümer des Himmels verdienen

Als mein Freund Johannes, dessen Geschichte im Kapitel „Geborgen sein in Gott" beschrieben ist, arbeitslos wurde, beantragte er Arbeitslosengeld. Seine Chancen, mit Mitte Fünfzig auf dem Arbeitsmarkt wieder Fuß zu fassen, waren sehr gering. Seine Ersparnisse waren so niedrig, dass sie maximal für ein Jahr die Kosten für Miete und Essen gedeckt hätten.

In dieser Situation bekam Johannes einen Geldbetrag geschenkt, den er sehr gut gebrauchen konnte. Doch nun lag er mit seinem kleinen Vermögen über der Grenze, die ihn zum Bezug des Arbeitslosengeldes berechtigte.

Weil Johannes ehrlich sein wollte, beschloss er, das Geldgeschenk der zuständigen Stelle zu melden. Mehrere Bekannte rieten ihm davon ab. Einer zeigte ihm sogar den Vogel und meinte: „Wie kann man nur so unklug sein, das Arbeitsamt über dieses Geschenk zu informieren. Leg es dir ‚unters Kopfkissen' und sprich nicht darüber. Dann bekommst du dein Arbeitslosengeld, das du doch so dringend brauchst." Noch dazu stand Johannes eine größere Zahnbehandlung bevor, die ihm als Bezieher des Arbeitslosengeldes ganz bezahlt worden wäre.

Die ganze Situation war für Johannes sehr belastend. Er wollte ehrlich sein, doch nun schien seine Ehrlichkeit ihn in finanzielle Schwierigkeiten zu bringen. Tief in seinem Inneren wusste er, dass dies eine besondere Prüfung war, Gott zu vertrauen.

Als er mich anrief und mir von seiner Situation erzählte, ermutigte ich ihn, an seinem Entschluss festzuhalten, ehrlich zu sein. Während des Telefonats betete ich für meinen Freund und fragte Gott, ob er eine Botschaft für Johannes hätte. Im nächsten Augenblick bekam ich den inneren Impuls, die Bibel zur Hand zu nehmen und sie im Vertrauen auf Gottes Führung mit geschlossenen Augen aufzuschlagen. Als ich sie wieder öffnete, fiel mein Blick sofort auf folgende Worte:

Wer Gott gehorcht, kennt keine Not.
Selbst starke Löwen leiden oftmals Hunger;
doch wer zum Herrn kommt, findet alles,
was er zum Leben nötig hat.
Psalm 34,10.11

Johannes und ich dankten Gott für diese prompte Antwort. Obwohl ich seit Jahren auf diese Weise mit dem Himmel kommuniziere, war ich ehrlich gesagt wieder einmal sehr erstaunt, wie gut der aufgeschlagene Text zur Situation von Johannes passte. Wir wussten beide: Wenn Johannes entgegen aller menschlichen Ratschläge ehrlich ist, wird er von Gott viel mehr Geld bekommen, als er jetzt durch seine Ehrlichkeit an Geld verliert. Noch am selben Tag meldete Johannes ordnungsgemäß der zuständigen Stelle seinen Kontostand. Der Sachbearbeiter schüttelte den Kopf über Johannes, denn es war kurz vor Monatsende. Hätte Johannes mit seiner Meldung nur fünf Tage gewartet, hätte er wenigstens für dieses eine Monat Arbeitslosengeld erhalten. Doch meine innere Stimme riet Johannes: „Ganz ehrlich sein!" Und Johannes folgte ihr.

Wie du dir, liebe Leserin, lieber Leser, denken kannst, ging Gott sei Dank alles gut. Die Zahnarztbehandlung war weniger umfangreich als gedacht und wurde von der Krankenkasse ganz bezahlt, obwohl Johannes nun kein Arbeitslosengeldempfänger war. Und Gott belohnte seine Ehrlichkeit Monate später mit einem unerwarteten Geldsegen, der höher war als die Summe, die Johannes durch seine ehrlichen Angaben entgangen war.

Warum ist es für unser Glück so wichtig, ehrlich zu sein?

Alles, was wir tun, sagen, fühlen oder denken, wirkt sich auf unser ganzes Wesen positiv oder negativ aus: auf unseren sichtbaren physischen Körper ebenso wie auf unseren feinstofflichen

Körper, der auch Aura genannt wird und nur von hellsichtigen bzw. hellfühlenden Menschen bewusst wahrgenommen wird. Wenn ein Mensch absichtlich Unwahres sagt, schreibt oder denkt, um sich dadurch einen vermeintlichen Vorteil zu verschaffen oder einem Mitmenschen zu schaden, verdunkelt sich seine Aura und es sinkt seine Schwingung: sowohl in seinem feinstofflichen Energiekörper wie auch in seinen Körperzellen, die dadurch nicht mehr optimal arbeiten können. Mit Lügendetektoren lässt sich dieses Phänomen auf der physischen Ebene messen.

Da die Schwingung auf der Erde immer mehr steigt, passt die Schwingung eines unehrlichen Menschen irgendwann nicht mehr zur Gesamtschwingung der Erde, so dass er sich zunehmend unwohler in seiner Haut fühlen wird. Dagegen wird sich ein ehrlicher Mensch mit einem reinen Herzen bei fortschreitender Schwingungserhöhung der Erde immer wohler fühlen.

Gute Taten – aus Liebe getan –,
wahre Worte – mit DeMut gesprochen –,
reine Gefühle wie Liebe und Dankbarkeit,
und liebevolle, erhebende Gedanken
bringen Licht in unser ganzes Wesen.

Dieses göttliche Licht durchstrahlt unsere Aura und jede unserer Körperzellen; es heilt uns auf allen Ebenen, erhöht unsere Schwingung und zieht nach dem Gesetz der Anziehung Gutes, Hochschwingendes, Beglückendes in unser Leben.

Ehrlichsein schenkt Licht und Glück, es bringt den Himmel auf Erden zurück!

Die Gewissheit, sein Recht zu bekommen

**Wenn wir uns bemühen,
selbst ehrlich und gerecht zu sein,
wird Gott uns helfen,
dass auch wir ehrlich und gerecht behandelt werden.**

Es gibt Bereiche in unserem Leben, die wir nicht völlig kontrollieren können. In manchen Angelegenheiten müssen wir auf die Ehrlichkeit anderer Menschen vertrauen. Die Kraft zu vertrauen, schenkt uns die Demut. Ein demütiger Mensch weiß, dass Gott alles für ihn tun kann, wenn er zu ihm betet. Beten wir darum, dass uns alle Menschen ehrlich und gerecht behandeln, wird Gott dafür sorgen. Sollte sich ein Mensch uns gegenüber unehrlich oder ungerecht verhalten, wird Gott dieses Fehlverhalten aufdecken, egal in welcher Position sich dieser Mensch befindet und wie mächtig er ist. Gott ist mächtiger!

*Gott aber behält die Herrschaft in alle Ewigkeit,
alle Mächtigen der Erde werden ihm dienen und
gehorchen müssen.*
Daniel 7,27

Diese Vision von Daniel macht all denen Mut, die auf dieser Erde von mächtigen Menschen beherrscht werden. Mit Demut im Herzen ist Gott ihr treuer Freund, der ihnen Recht verschafft.

Gott, wie überwältigend sind deine Taten!
Deine Feinde müssen sich vor dir beugen,
weil du so mächtig bist.
Psalm 66,3

Während deine „Feinde" sich vor Gottes Macht beugen müssen, richtet Gott dich, liebe Leserin, lieber Leser, auf und verhilft dir zu deinem Recht, wenn du dich vertrauensvoll an ihn wendest. Danke ihm deshalb im Voraus, dass er seine göttliche Gerechtigkeit in deinem Leben oder in einer Situation wirken lässt. Juble Gott jetzt schon zu und du wirst zum richtigen Zeitpunkt allen Grund zur Freude haben!
Lasse dich nicht entmutigen, falls jahrelanges Gebet nötig ist. Wenn ich manches Mal in unerfreulichen Situationen, die mehrere Jahre nicht enden wollen, Gott frage: „Du siehst doch, dass mir dieses Unrecht widerfährt. Wie lange muss ich denn noch beten, bis deine Hilfe kommt?", antwortet er mir über meine innere Stimme in liebevollem Ton: „Ich helfe dir, mein liebes Kind, darauf kannst du dich verlassen! Doch den Zeitpunkt musst du mir überlassen." Erleichtert, dass ich Gottes ermutigenden Worte hören darf, rufe ich dann jedes Mal sinngemäß in den Himmel:

Geliebter Gott, ich danke dir,
dass du mir und allen Menschen,
die sich um ein reines Herz bemühen,
deine göttliche Hilfe zukommen lässt.
Ich vertraue auf deine Güte und Weisheit,
und freue mich auf dein wundervolles Wirken.

Gott hat den perfekten Überblick und unendlich viele Möglichkeiten, für uns zu wirken, weil wir ihm vertrauen. Wie seine Hilfe aussehen kann, geben die folgenden Geschichten exemplarisch wieder, die mir bekannte Menschen und ich erlebt haben.

Als Gott eine Gerichtsverhandlung in Luft auflöste

Manchmal kommt Gottes Hilfe in „letzter Minute". Bleibe deshalb im Vertrauen, egal was passiert. Auf Gott ist Verlass, wie das Erlebnis von Anton zeigt, über das er hier selbst berichtet:

Vor einiger Zeit wurde ich von meinem Vermieter schriftlich aufgefordert, ab Januar des folgenden Jahres eine höhere Miete zu bezahlen. Da die Wohnung, in der ich damals lebte, einen niedrigen Standard aufwies, und die bisherige Miete der Wohnung bereits über der ortsüblichen Miete lag, war mein Rechtsanwalt der Meinung, dass die Forderungen meines Vermieters nicht gerechtfertigt seien. Deshalb beauftragte ich meinen Rechtsanwalt, dies dem Vermieter mitzuteilen.

Nach einigen Monaten erhielt ich ein Schreiben vom Gericht, dass mein Vermieter eine Klage gegen mich eingereicht hätte. Ich sei angeklagt, die Mieterhöhung rückwirkend inklusive aller Gerichtskosten zu bezahlen. In der schriftlichen Mitteilung des Gerichts wurde ich darüber informiert, dass ich zu dem festgesetzten Gerichtstermin zu erscheinen habe. Ansonsten hätte ich eine hohe Geldbuße zu bezahlen. Da der Gerichtstermin schon sehr bald stattfinden sollte, sah es so aus, als ob mein Rechtsanwalt keine Zeit für diesen Termin haben würde.

Da ich zu diesem Zeitpunkt nicht viel Geld besaß, hatte ich Angst vor einer höheren finanziellen Belastung. Besonders aber graute es mir davor, angeklagt vor Gericht zu stehen. Um nicht ohne Vertretung meines Rechtsanwaltes, der mit diesem Fall bereits vertraut war, in die Verhandlung gehen zu müssen, betete ich zu Gott um Hilfe.

Wenige Tage später bekam ich durch eine glückliche Fügung doch noch einen Termin bei meinem Rechtsanwalt, der mir nun zusagte, mich vor Gericht zu vertreten. Von ihm erfuhr ich, dass der Richter, der die Verhandlung führen würde, die Gewohnheit habe, die Anklage- und Verteidigungsschrift erst während der

Verhandlung zu lesen und unabhängig von der Sachlage den beiden Streitparteien vorzuschlagen, sich in einem Kompromiss in der Mitte zu einigen. Damit war klar, dass ich diesen Gerichtstermin auf jeden Fall wahrnehmen müsste.

In meiner Not wandte ich mich erneut an Gott und betete: „Lieber Gott, ich bitte dich und danke dir, dass du göttliche Gerechtigkeit in dieser Situation walten lässt. Lasse jetzt alles nach deinem Willen geschehen. Und wenn es sein darf, dann erlöse mich von diesem Gerichtstermin und von jeglicher Mieterhöhung. Ich danke dir für deine Hilfe."

Zwei Tage später, am Abend vor der Gerichtsverhandlung, rief mich mein Rechtsanwalt an und teilte mir Folgendes mit: „Der zuständige Richter hat entgegen seiner Gewohnheit schon vor der Verhandlung die Unterlagen durchgesehen und ist dabei zu dem Schluss gekommen, dass Ihr Vermieter den Prozess verlieren würde. Der Richter entschied sich dafür, in diesem Fall den Streitparteien keinen Kompromiss vorzuschlagen. Stattdessen rief der Richter den Rechtsanwalt des Vermieters an und informierte ihn, dass der Vermieter den Prozess verlieren würde, worauf der Vermieter die Anklage zurückzog." Mein Rechtsanwalt beendete seinen erfreulichen Bericht mit den Worten: „Anschließend rief der Richter mich an und gab mir Bescheid, dass die Verhandlung morgen nicht stattfinden wird."

Als ich das hörte, atmete ich auf. Wie froh und erleichtert war ich jetzt, denn Gott hatte mich auf wundervolle Weise sowohl vom Gerichtstermin als auch von einer Mieterhöhung erlöst.

Anton

Eine Gutschrift aus heiterem Himmel

Im Leben können Situationen auftauchen, die ohne Gottes Hilfe sehr ärgerlich sind und eine Menge Zeit kosten, bis sie bereinigt sind. Rufen wir dagegen Gott voller Vertrauen an, kann er uns in kürzester Zeit eine großartige Lösung präsentieren.

Vor einigen Jahren durften mein Mann Michael und ich erleben, wie Gott dunkle Wolken des Ärgers durch einen warmen Wind der Nächstenliebe wegblies und in nur wenigen Stunden unseren Himmel wieder aufheiterte:

Wir waren gerade in ein neu gebautes Haus eingezogen und hatten eine Telefongesellschaft beauftragt, den Telefon- und Internetanschluss zu installieren. Als die Rechnung über 550 Euro kam, fielen wir aus allen Wolken. Dieser Preis war eindeutig zu hoch, auch wenn mehrere Telefondosen gesetzt und Kabel über drei Stockwerke verlegt worden waren. Da die Telefongesellschaft Rechnungen, die sie stellte, kurz darauf per Einzug abbuchte, wusste ich, dass ich schnellstmöglich reagieren musste.

Sofort reklamierte ich telefonisch in freundlichem, aber bestimmten Ton. Doch die Dame am Telefon war zunächst sehr kühl und meinte: „Warum haben Sie damit ein Problem? Das kostet eben nun mal so viel!" Deshalb dankte ich Gott während des Telefonats im Voraus für seine Hilfe – und plötzlich änderte die Dame ihre Haltung mir gegenüber und sagte: „Ich glaube, Sie haben doch Recht. Das ärgert mich jetzt selbst, dass Ihnen eine so hohe Rechnung gestellt wurde. Ich werde versuchen, die Abbuchung zu stoppen." Sie riet mir, zusätzlich schriftlich Einwand gegen die Rechnung zu erheben, was ich umgehend tat.

Auf meinen Brief erhielt ich wochenlang keine Antwort, aber das Geld wurde erst einmal nicht von unserem Konto eingezogen. Nach vielen Wochen wurde das Geld schließlich doch in voller Höhe (550 Euro) abgebucht. Wieder reklamierte ich telefonisch, doch nun wollte sich niemand zuständig fühlen. Ich wurde vertröstet, dass ich irgendwann einen Rückruf bekommen würde.

Nach diesem Telefonat bat ich Gott erneut, dass er uns zu unserem Recht verhelfen möge. Er beantwortete mein Gebet mit einer genialen Idee: Ich fing an, für alle Mitarbeiter der Telefongesellschaft zu beten. Da sie sich räumlich über den ganzen Staat verteilten, visualisierte ich ein Haus und stellte mir vor, dass alle Mitarbeiter sich darin befänden. Dann ließ ich in Gedanken dieses Haus klein werden und hielt meine Hände segnend über das kleine Haus. Währenddessen sprach ich die Mitarbeiter in Gedanken an: „Meine geliebten Brüder und Schwestern, ihr seid Gottes Kinder! Verhaltet euch auch so: Seid liebevoll, verständnisvoll, fair und gerecht. Ich sende euch meine ganze Liebe. Gott segne euch reichlich!"

Dabei empfand ich eine tiefe Liebe für meine Geschwister, die bei dieser Telefongesellschaft arbeiteten, und ich stellte mir vor, wie ein weißes Segenslicht aus meinen Händen strahlte, das das kleine Haus einhüllte und durchdrang. Dann dankte ich Gott im Voraus, dass „er die Angelegenheit schon zum Besten für uns und für alle gelöst hat". Ich wünschte mir, dass die Rechnung nicht mehr als 100 Euro betragen würde, obwohl ich wusste, dass sie aufgrund des Arbeitsumfangs normalerweise deutlich darüber liegen müsste. Jetzt erfüllte mich ein großes Glücksgefühl, so als ob das Wunder schon eingetreten wäre; beschwingt widmete ich mich nun mit Vorfreude auf Gottes Wirken anderen Aufgaben.

Nach nur 30 Minuten kam bereits der erste Rückruf der Telefongesellschaft. Ein Herr entschuldigte sich für das Verhalten seiner Kollegen und meinte: „Ich werde mich dafür einsetzen, dass Sie gerecht behandelt werden."

Nach weiteren zwei Stunden teilte mir die Telefongesellschaft in einem zweiten Anruf mit: „Wir bedauern den Ärger, den Sie durch uns hatten. Als Entschuldigungs-Geschenk wird Ihnen ein Teil der Installationskosten erlassen, so dass die Rechnung nur noch 99,98 Euro beträgt. Der Differenzbetrag wird Ihnen umgehend zurücküberwiesen." Wenige Tage später hielt ich wirklich die Gutschrift über 450 Euro in meinen Händen!

Am Abend desselben Tages, an dem ich mein liebevolles Segenslicht in das symbolische Haus der Telefongesellschaft geschickt hatte, führte mich Gott zur Bibel und zeigte mir darin eine Stelle, die heißt:

... liebt einander wie Geschwister! Geht barmherzig miteinander um ... Vergeltet nicht Böses mit Bösem, bleibt freundlich, auch wenn man euch beleidigt, und bittet Gott um seinen

Segen für den anderen ... Denn Gott sieht mit Freude auf solche Menschen und wird ihre Gebete erhören.
1. Petrus 3,8.9.12

Gottes wundervolles Wirken für dich

Mit Gott hast du Erfolg. Du kommst zu deinem Recht, auch wenn die Erfahrungsberichte anderer Menschen das Gegenteil sprechen. Damals (im vorigen Beispiel) las ich mehrere Berichte von Personen, die große Probleme mit genau dieser Telefongesellschaft hatten. Manche von ihnen kämpften bereits über ein Jahr lang und forderten erfolglos ihr Geld zurück, das von dieser Telefongesellschaft zu viel abgebucht worden war.

Gott erfüllt deine Wünsche, die du ihm demütig übergibst, gerne sehr exakt. Damit will er dir bewusst machen, dass es sein liebevolles Handeln ganz speziell für dich war. Ich wünschte mir einen Rechnungsbetrag von maximal 100 Euro und er betrug 99,98 Euro.

Gott beschenkt dich, wenn du deine Aufmerksamkeit auf das Göttliche in deinen Mitmenschen richtest, auch wenn es sich derzeit noch nicht in ihrem Verhalten bemerkbar macht. Denn es gibt ein geistiges Gesetz, das besagt:

Wenn du deinen Blick auf das Gute in deinen Mitmenschen richtest, verstärkt es sich in ihnen und in dir selbst.

Dabei wirkst du nicht manipulierend, denn schließlich steht es den Betroffenen frei, sich dir gegenüber besser zu verhalten oder nicht. Falls deine Mitmenschen zu einem fairen Verhalten noch nicht bereit sind, erhältst du die Hilfe des Himmels auf andere Weise, wie das aufbauende Erlebnis eines Familienvaters belegt.

Wie Gott eine Strafzahlung in ein beachtliches Guthaben umwandelte

Mit großer Dankbarkeit erzählt Katrin, eine Mutter und Ehefrau, welch wunderbare Wendung Gott für ihren Mann Walter herbeigeführt hat:

Walter durchlebte in den letzten Monaten eine Lebenskrise. Durch kriminelle Energie wurde er auf sehr unschöne Weise aus seiner Firma hinausgemobbt, in der er langjährig mit viel Einsatz erfolgreich tätig war. Man warf ihm vor, sich bereichert und geschäftsschädigend verhalten zu haben. Obwohl die Vorwürfe gegen Walter jeder Grundlage entbehrten, ließ die Firmenleitung nicht mit sich reden. Sie ging voll auf Konfrontation und verfolgte ihre Strategie mit den unfairsten Mitteln.

So stellte sie ohne Vorankündigung die Lohnzahlung ein, obwohl Walter wie immer seine Aufträge vorbildlich bearbeitet und regelmäßig der Firma weitere lukrative Aufträge eingebracht hatte. Kurz darauf erhielt er die Kündigung mit sofortiger Wirkung. Als Krönung verhängte die Firmenleitung über Walter eine Strafzahlung in Höhe von 25 000 Euro wegen geschäftsschädigendem Verhalten.

Neben der menschlichen Enttäuschung blickte Walter nun als Ernährer unserer vierköpfigen Familie mit fast Fünfzig in eine ungewisse berufliche Zukunft und wusste nicht, wie er künftig unseren hohen monatlichen Zahlungsverpflichtungen nachkommen sollte. Dies war umso schlimmer, da wir keine Ersparnisse, sondern Schulden in nicht geringer Höhe hatten.

Genau in dieser Zeit fielen Walter zwei Bücher in die Hände: „Raus aus den alten Schuhen!" von Robert Betz und „Die heilende Kraft des Dankens" von Angela Schäfer. Walter sagt, dass ihm diese beiden Bücher sehr geholfen haben, innere Ruhe, Zuversicht und neue Freude zu finden. Ohne sie hätte er seine schwierige berufliche und finanzielle Situation nicht so gut durchgestanden. Walter begann in dieser Zeit, Gott im Voraus für seine Hilfe zu danken, und durfte erleben, wie sich von da ab die Dinge auf wunderbare Weise zum Guten fügten.

So fand Walter sehr bald einen guten Rechtsanwalt, der ihn sachkundig beriet und rechtlich vertrat. Auch ein Unternehmensberater trat in sein Leben, der sich die Angelegenheit zur Herzenssache machte und Walter nach seinen besten Möglichkeiten half. Denn Walter gehörten Anteile an der Firma, die die Firmenleitung ihm nicht auslösen wollte. Um Walter nichts zahlen zu müssen, täuschte die Firmenleitung dem Wirtschaftsprüfer sogar vor, dass es so schlecht um das Unternehmen bestellt sei, dass eine Insolvenz angemeldet werden müsse.

Doch Gott hilft den Ehrlichen und führt die Schritte der Unehrlichen in die Irre. An diesem Glauben hielten wir fest, während wir wochenlang beteten, Gott freudig lobten, alle segneten und unser Vertrauen gegenseitig erneuerten, falls Walter oder mich die Zukunftsangst überfallen wollte.

Nach zwei Monaten kam der erste Teilerfolg. Walter erhielt die Zusage, dass sein Lohn, der ihm am Ende seiner Beschäftigung in dieser Firma unrechtmäßig vorenthalten worden war, nun in voller Höhe auf sein Konto überwiesen werden würde. Zusätzlich sicherte man ihm zu, dass er noch weitere vier Monate den vollen Lohn erhalten würde, obwohl er bereits aus der Firma ausgeschieden war. Als Gegenleistung sollte er lediglich im Bedarfsfall beratend der Firma zur Auftragsabwicklung zur Seite stehen. Dies war ein großes Geschenk, da in diesen Monaten seine beratende Hilfe kaum in Anspruch genommen wurde.

Nach etwa vier Monaten stand das endgültige Ergebnis des Wirtschaftsprüfers fest: Walter musste die Strafe in Höhe von 25 000 Euro nicht bezahlen. Stattdessen wurde Walters ehemalige Firma verpflichtet, ihm eine Summe in Höhe von fast 100 000 Euro in fünf Raten auszubezahlen. Wir sind darüber so froh!

Katrin

Gottes Wege sind immer gut!
Wer sich und seine Lieben Gottes Führung anvertraut, darf vermeintliches Unglück als den sicheren Weg ins Glück erkennen.

Katrin ist eine feinfühlige Frau, die gerne hinter die Dinge sieht. Als sie mich in dieser Zeit wieder einmal besuchte und über ihre Situation sprach, wurde sie plötzlich nachdenklich und fragte mich: „Meinst du, hinter dieser ganzen Sache steckt noch etwas anderes? Weißt du, vor einiger Zeit wünschte ich mir sehnlichst, dass wir unsere Schulden los sind und Walter eine Arbeit hier in unserer Heimat gefunden hat. Weil ich wusste, dass dies auch sein Wunsch war, er nur nicht den Mut hatte und keine Möglichkeit sah, aus seiner alten Firma auszusteigen, schickte ich ein inbrünstiges Gebet in den Himmel. Denn unseren Kindern und mir hat Walter unter der Woche so sehr gefehlt. Seine alte Stelle verlangte es aber, dass er die meiste Zeit im Jahr viele Hundert Kilometer von der Heimat entfernt seine Aufträge erfüllte. Jetzt, nach den vielen Jahren der räumlichen Trennung, will er sich hier bei uns etwas Neues aufbauen. Welch ein Glück für uns alle! Und ich weiß, dass er es mit Gottes Hilfe schaffen wird."

Katrins Augen waren vor Freude feucht geworden, und mit einem Strahlen im Gesicht verriet sie mir, was sie damals ihrem Gebet noch hinzugefügt hatte: „Lieber Gott, hilf meinem Mann, seinen göttlichen Lebensweg zu gehen!" Katrin hielt kurz inne und meinte dann: „Kurz nach meinem Gebet begann die Sache in seiner alten Firma. Ich glaube, Gott löste Walter dort heraus, weil er etwas viel Besseres, etwas göttlich Gutes mit ihm vorhat."

Katrin hatte Recht. Bereits nach kurzer Zeit fand Walter in der Nähe seiner Familie eine sehr gut bezahlte Stelle mit sehr angenehmen Arbeitsbedingungen. „Seither geht es ihm so gut", schwärmte Katrin begeistert, als ich sie einige Zeit später wieder traf. „Walter wird in seiner neuen Arbeitsstelle zuvorkommend behandelt und kann täglich abends nach Hause fahren. Auch finanziell geht es uns inzwischen gut. Unsere Schulden, die uns stark belastet haben, sind Gott sei Dank abbezahlt."

Gemeinsam erinnerten Katrin und ich uns jetzt an eine Begebenheit, die ihr in den schweren Monaten Mut machte: Damals saß Katrin betrübt in meinem Wohnzimmer und erzählte mir gerade von der bedrückenden Situation ihres Mannes. Deshalb brachte ich ihr mein erstes Buch „Die heilende Kraft des Dankens" und sagte zuversichtlich: „Lege deine Hand auf das Buch und frage den Heiligen Geist, ob er eine Botschaft für deinen Mann hat." Katrin legte gleich ihre Hand aufs Buch, schloss die Augen – und nun erfüllte Stille den Raum. Wenige Augenblicke später schlug Katrin andächtig das Buch auf und las vor, worauf ihr Blick als Erstes gefallen war: „Grünes Licht für meinen Mann". Wir freuten uns damals beide über diese gute Botschaft, die Katrin zuversichtlich stimmte.

Gott hielt sein Wort, wie der gute Ausgang von Katrins ergreifender Geschichte zeigt. Ich bin davon überzeugt, dass noch ein Faktor ganz entscheidend war, dass sich alles zum Guten wenden konnte: Walters innere Haltung während der schweren Monate. Immer wenn ich ihn sah, musste ich seinen inneren Frieden und seine Gelassenheit bewundern, die er trotz allem ausstrahlte. Er hegte keine Spur von Groll oder Übelwollen, sondern war wohlwollend allen Beteiligten gegenüber eingestellt, auch denjenigen, die ihm besonders übel mitspielten. Das ist für mich wahre gelebte Nächstenliebe und Demut, die ich mir selbst zum Vorbild nehme. Und wie Walters Geschichte beweist, führt diese innere Haltung aus schwierigen Situationen in ein glückliches Leben mit guten Lebensbedingungen.

Der Weg zur unbekannten Lösung

Dein demütiges Herz schenkt dir etwas Wunderbares: den felsenfesten Glauben, dass Gott auf alle Fragen des Lebens eine gute Antwort hat. Auch wenn du derzeit noch keine Ahnung davon hast, wie sich dein gewünschtes Ziel erreichen lässt, auch falls das Wissen von Experten dein Problem nicht lösen kann, weißt du sicher, dass Gott stets für alles eine göttlich gute Lösung parat hat, die er durch Fügungen in dein Leben bringt, wenn du ihn mit deinem gläubigen Kinder-Herzen anrufst.

Jesus Christus sprach zu Gott:
Ich danke Dir, o gerechtestes Vater-Mutter ..., dass, obgleich diese Dinge verborgen sind den Weisen und Klugen, sie nicht destoweniger enthüllet sind den Kindern.
Evangelium des vollkommenen Lebens, 44. Kapitel, 13

Geruchsneutrale Gülle: Erlösung vom Gestank für das ganze Land!

Nur zwei Minuten von meiner Haustür entfernt befindet sich ein landschaftlich schönes Hochplateau mit alten Eichen und einem Panoramablick über flache Wiesen und Felder in die umliegende Berglandschaft mit ihren vorgelagerten Hügeln, bewaldeten höheren Bergen und hohen Bergmassiven. Jedes Mal, wenn ich hier spazieren gehe oder walke, genieße ich dankbar die Schönheit der Natur, die Gott geschaffen hat, die Ruhe und die abgasfreie

Luft. Allerdings gibt es etwas, das mein Glück dort etwas trübt: Es ist der unangenehme Geruch der Gülle, der regelmäßig über die Wiesen weht. „Muss das denn wirklich so stinken?", rief ich vor einiger Zeit mich beschwerend in den Himmel, „was sagst du dazu, lieber Gott?" Ohne eine Antwort abzuwarten, fügte ich mit demütigem Herzen hinzu: „Ich weiß, dass du alles kannst, großer Schöpfergott, du kannst uns von diesem Gestank erlösen." Wie das möglichst schnell gehen sollte, wusste ich nicht.

Die einfachste Lösung wäre, sofort auf die Tierproduktion und damit auf tierische Lebensmittel in diesem Ausmaß zu verzichten. Doch bisher hängen die meisten Menschen zu sehr an ihren Ernährungsgewohnheiten und an dem verbreiteten Irrglauben, dass der Verzehr tierischer Lebensmittel für die Gesundheit notwendig wäre. Der dauerhaft hervorragende Gesundheitszustand von Rohkost-Veganern, also Menschen, die ausschließlich rohe, pflanzliche Lebensmittel zu sich nehmen, belegt das Gegenteil. Ich selbst ernähre mich seit einigen Jahren allein von rohem Obst, etwas rohem Gemüse, frischen Salaten, wenig rohen Samen und selten ein paar Nüssen, wobei es mir bestens geht – genauer gesagt: Es geht mir damit so gut wie noch nie.

Zurück zur Gülle: Kurze Zeit nach meiner Unterhaltung mit Gott auf dem Hochplateau durfte ich durch eine göttliche Fügung erfahren, dass es tatsächlich möglich ist, geruchlose Gülle zu produzieren:

Josef, ein Bio-Landwirt aus dem Allgäu, den ich bis dahin nicht kannte, hatte mein erstes Buch „Die heilende Kraft des Dankens" gelesen und es mit den Worten „Lies dieses Buch, es ist sehr gut und interessant" seinem Freund Rudolf empfohlen. Rudolf kaufte sich sofort mein Buch, las es und war so begeistert davon, dass er an den Verlag einen Dankes-Brief schrieb. Dieser Brief, den mein Verlag an mich weiterleitete, erreichte mich zu einem Augenblick, der für mein weiteres Leben sehr entscheidend war. Ich werde in Band 3 dieser Reihe genauer darüber berichten.

In seinem Brief wünschte sich Rudolf, dass ich ihn anrufen solle, weil er nur einmal mit mir beten wolle. Ich erfüllte ihm diesen Wunsch und erfuhr dabei, dass in seinem Umkreis einige Menschen auf meinen Vortrag warteten. Wie auch Josef hatte er mein Buch inzwischen weiterempfohlen und mir damit zu weiteren begeisterten Lesern verholfen.

Es kam der Tag, an dem ich ins Allgäu reiste und vor einem wundervollen Publikum einen Vortrag hielt. Während ich von Rudolf, Josef und ihren Familien auf herzlichste Weise empfangen wurde, erfüllte sich für mich ganz unerwartet ein Wunsch: Ich erhielt einen Einblick in die Wirtschaftsweise des Bio-Hofs, den Josef mit seiner Frau Ulrike führt, und erfuhr dabei, dass ihre Gülle nicht den bekannten unangenehmen Geruch aufweist. Natürlich interessierte es mich sehr, wie dies möglich ist, und ich stellte Josef einige Fragen. Hier sind seine Antworten:

Angela: Was macht ihr, dass eure Gülle nicht unangenehm riecht?

Josef: Bei uns wird die Gülle mit effektiven Mikroorganismen (EM) und Gesteinsmehl behandelt. Die effektiven Mikroorganismen werden auch im Stall versprüht.

Was sind effektive Mikroorganismen und wie wirken sie?

Effektive Mikroorganismen (EM) sind eine Mischung von über 80 verschiedenen Arten von anaeroben und aeroben Mikroorganismen, die über lange Zeit zusammen im Gleichgewicht bleiben. Die EM-Grundmischung setzt sich zusammen aus Photosynthese-Bakterien, Hefen, Pilzen, Aceinomyceten (aerobe und anaerobe) und Milchsäurebakterien, wobei die Milchsäurebakterien den Hauptanteil bilden.

Die effektiven Mikroorganismen können die Landwirtschaft wieder in ihr natürliches Gleichgewicht zurückbringen. Sie fördern die Gesundheit von Böden, Pflanzen, Tieren und Menschen. Das ist alles ein Kreislauf. Voraussetzung dafür ist eine gute Qualität der effektiven Mikroorganismen.

Die effektiven Mikroorganismen schaffen im Stall ein gesundes Milieu und eliminieren die Fäulnisbakterien, die sonst zu Fäulnis und damit zu Gestank führen würden. Wenn man Fäulnis, also faulende Gülle, auf Wiesen und Äcker ausbringt, holen wir Fäulnis wieder zurück: als Tierfutter in den Stall und über die tierischen Produkte auf unsere Teller. Das kann nicht gesund sein und man braucht sich nicht wundern, wenn die Menschen dadurch immer kränker werden. Ich sage immer: „Wenn es irgendwo stinkt, dann ist dort etwas faul!"

Gestank mag keiner. Eure innovative Wirtschaftsweise dagegen erlöst die Menschen vom Gestank der gegüllten Flächen. Ich finde das großartig. Wie reagiert euer Umfeld darauf?

Wir haben viele positive Rückmeldungen bekommen von Privatleuten aus Stadt und Land und sogar von Jägern; sie beobachteten Dinge, die wir als Landwirte selbst gar nicht so bewusst wahrnehmen. Zum Beispiel fragte uns ein Jäger vor einigen Jahren: „Was macht ihr anders als die anderen Landwirte? Ich habe mit Erstaunen beobachtet, dass die Rehe, kurz nachdem du die Gülle ausgebracht hattest, auf die gegüllten Flächen gingen und es sich eine Stunde lang darauf gut schmecken ließen. Das ist völlig untypisch!" Er fügte noch erstaunt hinzu, dass die Rehe das Futter auf unseren Wiesen bevorzugen.

Auch erleben wir manchmal, dass uns Passanten ansprechen, während wir am Stall die Gülle umpumpen; zum Beispiel sagte einer vor einiger Zeit zu seiner Frau freudig überrascht: „Schau mal, die pumpen Gülle um und das stinkt gar nicht!" Manche fragen uns auch, warum nicht mehr Landwirte diesen für alle angenehmen Weg gehen.

Welche Vorteile siehst du beim Arbeiten mit EM und Gesteinsmehl darüber hinaus?

Wir haben festgestellt, dass das Futter eine viel gesündere Farbe bekommen hat. Auch die Verpilzung der Wiesen, die normalerweise durch Spurenelement- und Mineralienmangel ab dem frühen Herbst immer wieder aufgetreten ist und der Gesundheit der Tiere schadet, gibt es nicht mehr; denn durch das Arbeiten mit EM und Gesteinsmehl werden der Boden und seine Lebewesen wieder lebendig. Auch unsere Tiere im Stall sind gesünder und vitaler geworden. Die Tierarztkosten sind durch die neue Wirtschaftsweise massiv gesunken und kein Thema mehr. Meine Frau Ulrike stellte vor kurzem fest, dass heute die Reinigung des Melkstands und des Stalls viel leichter und schneller geht, weil die Verschmutzungen weniger anhaften als früher.

Wir haben jetzt richtig Spaß bei der Arbeit, mehr Lebensqualität, mehr Freude, und wir achten seither viel mehr auf die Natur und ihre Lebewesen. Ein Satz, der mir sehr gefällt und nachdenklich macht, heißt: „Die Natur wird nie dem Menschen folgen, sondern der Mensch hat die Gesetze der Natur zu befolgen."

Gibt es deiner Erfahrung nach irgendwelche Nachteile, die beim Arbeiten mit EM auftreten können?

Mir sind bisher keine Nachteile beim Arbeiten mit den EM bekannt. Sie sind unsere wichtigsten Helfer, ohne die hier auf der Erde nichts läuft.

Welches Buch empfiehlst du Interessierten, die sich einen ersten Überblick über dieses Thema verschaffen wollen?

„EM – Eine Chance für unsere Erde: Effektive Mikroorganismen – Wirkungsweise und Praxis", von Anne Lorch, OLV Fachverlag für Garten und Ökologie, ISBN 3-922201-61-X, Preis: ca. 25 €.

Mit welchem Buch bist du selbst in diese Thematik eingestiegen?

Es begann bei mir mit einem Buch, das ganz besondere Informationen über die Humuswirtschaft enthält. Es heißt: „Geheimnisse der fruchtbaren Böden – Die Humuswirtschaft als Bewahrerin unserer natürlichen Lebensgrundlage", von Erhard Henning, OLV Fachverlag für Garten und Ökologie, ISBN 3-922201-09-1,

Preis: ca. 20 €. Nachdem ich dieses Buch gelesen hatte, habe ich mich immer mehr für die biologische Wirtschaftsweise interessiert.

Wie hast du das Wissen erlangt, um die neue Wirtschaftsweise mit den EM praktizieren zu können?

Zuerst einmal las ich sehr viel über dieses Thema und dachte mir: „Wenn nur 50 Prozent davon wahr ist, wäre dies ein großer Erfolg. Damit könnten wir uns sehr glücklich schätzen."
Ich sage immer: „Wer suchet, der findet." Und ich habe tatsächlich immer zur richtigen Zeit die richtigen Menschen kennengelernt, die mir wichtige Informationen gegeben haben. Die neue Wirtschaftsweise hört sich zunächst nach viel Arbeit an, ist aber in der Praxis sehr einfach umzusetzen. Es ist wirklich ganz leicht und stellt im Endeffekt eine Arbeitserleichterung dar. Umso mehr Gottvertrauen man in diese Arbeitsweise legt, umso besser läuft alles. Ich mache mir heute keine Gedanken mehr, ob es wächst oder nicht wächst. Ich säe, vertraue und ernte. Meine Erfahrungen der letzten zehn Jahre mit EM und Gesteinsmehl zeigen eindeutig: Das ist der Weg!

Was empfiehlst du Landwirten, die auch in die Wirtschaftsweise mit EM einsteigen wollen? Wo können Sie sich hinwenden, um Informationen bzw. Hilfe zu erhalten?

Es gibt mehrere Anlaufstellen: zum einen die Internet-Adressen www.der-andere-weg.de und www.natursinn.de; zum anderen gibt es Landwirte, die mit EM bereits seit Jahren erfolgreich arbeiten und die sich in Stammtischen regelmäßig alle vier Wochen zum Erfahrungsaustausch treffen. Diese Treffen finden derzeit zum Beispiel im Allgäu, in Baden-Württemberg und in Franken statt. Die Kontaktadressen lassen sich über die oben angegebenen Internet-Adressen finden.

Ich danke Josef für diese interessanten Informationen; und Gott danke ich, dass er Josef und Ulrike, das innovative Landwirts-Ehepaar, in mein Leben geführt hat – kurze Zeit, nachdem ich Gott eine Lösung für das Gülle-Geruchs-Problem zugetraut hatte. Es geht also tatsächlich, geruchsneutrale Gülle zu produzieren. Dieses Erlebnis macht mir Mut und lässt mich fest daran glauben:

Wenn wir Gott die Lösung unserer Probleme zutrauen, wird er sie in unser Leben bringen.

Jetzt wünsche ich mir natürlich, dass möglichst überall die Luft „rein" wird und wir die Landschaft an allen Orten zu jeder Zeit ohne Gestank entspannt genießen können. Auch das traue ich Gott zu und ich danke ihm schon mal freudig im Voraus dafür:

**Danke, großer Gott,
für die gute, reine Luft
überall und immer.
Danke für die gesunden
Böden, Pflanzen, Tiere
und Menschen – weltweit!**

Die nächste Gebetserhörung, die ich nun beschreiben werde, empfinde ich als etwas ganz Besonderes, als etwas Revolutionäres! Sie hat meiner Ansicht nach das Potential, die Menschheit von vielen ihrer Krankheiten auf einfache und freudige Art zu befreien. Sie wurde mir selbst zum großen Segen, der mich begeistert und beglückt. Ich möchte diesen beglückenden Segen mit dir, liebe Leserin, lieber Leser, teilen, weil ich mir wünsche, dass du dich stets strahlender Gesundheit, bestem Aussehen und Wohlbefinden erfreust. Um die Tragweite meiner neuen Entdeckung zu verdeutlichen, die mir Gott nach einem Dankgebet durch „zufällige" Fügungen ins Leben brachte, werde ich etwas ausholen:

Gesund mit sauberen Organen
Zwei erfolgreiche Wege der Leberreinigung

Vor etwa zehn Jahren führte ich meinen Mann Michael zu einer hellsichtigen Heilpraktikerin, da wir eine Lösung für seine gesundheitlichen Probleme suchten: Er hatte einen viel zu hohen Cholesterinspiegel, eine starke Gelbfärbung der Augäpfel, Schmerzen im Bauchraum, bedenkliche Ablagerungen an den Blutgefäßwänden und chronische Allergien. Diese Heilerin besaß die Fähigkeit, sich mit ihrem geistigen Auge die Organe ihrer Patienten von innen anzusehen und somit die Krankheitsursache leichter herauszufinden.

Bereits vor unserem ersten Besuch bei dieser Heilpraktikerin diagnostizierte sie aus der Ferne am Telefon – wir wohnten damals mehrere hundert Kilometer von ihr entfernt –, dass Michaels Leber sehr stark mit Gallensteinen verstopft war, die die Funktion seiner Leber erheblich einschränkten. Sie nannte diese Gallensteine, die sich entgegen der üblichen medizinischen Lehrmeinung nicht in der Gallenblase, sondern in der Leber befanden, kurz *Lebersteine*.

Die Leber: ein unentbehrliches Multitalent

Durch mein physiologisches Wissen, das ich mir in meinem Studium der Diplom-Ökotrophologie (*oikos* = Haushalt, Naturhaushalt, *trophos* = Ernährung, *logos* = Lehre) in mehreren Jahren erworben hatte, läuteten bei mir die Alarmglocken. Denn ich wusste, welch wichtige Funktionen die Leber für die Gesundheit des Menschen hat: Sie gehört zu den größten Organen des Körpers und spielt eine zentrale Rolle im Stoffwechsel der Kohlenhydrate, Fette, Eiweiße und Hormone; sie fungiert als Blutspeicher und ist wesentlich an der Blutgerinnung und am Blutabbau beteiligt; sie übernimmt wichtige Aufgaben in der Entgiftung des Körpers und an seinem Abwehrsystem. Sie ist wichtig für die Speicherung von Vitaminen und Spurenelementen, und ganz besonders für die Fettverdauung; denn die Leberzellen produzieren Gallenflüssigkeit (= Galle), die neben anderen Bestandteilen Gallensäuren enthält. Nur mit diesen Gallensäuren, die in der Leber aus Cholesterin gebildet werden, können die Nahrungsfette im Dünndarm wirksam verdaut werden.

Wie kommt die Galle in den Dünndarm?

Die Leber ist durchzogen von einem fein verzweigten Röhrensystem, den Gallenkanälchen: Diese befinden sich zwischen den Leberzellen und nehmen die Gallenflüssigkeit auf, die von den Leberzellen produziert wird. Die Gallenkanälchen münden in die Gallengänge, die sich an der Unterseite der Leber zum Lebergang vereinigen. Dieser transportiert die Galle von der Leber in den

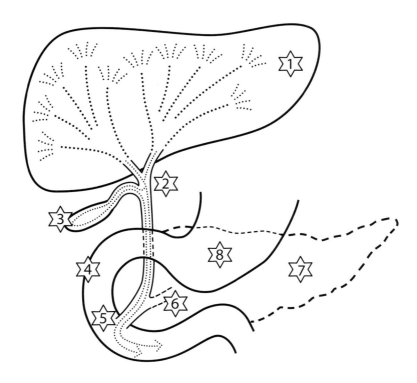

Dünndarm, wobei von ihm seitlich ein kurzer Gang abzweigt; an dieser Abzweigung sitzt die Gallenblase, die als Speicherorgan für Reservegalle dient.

Wird fetthaltige Nahrung gegessen, entleert sich zum einen die Gallenblase, wodurch die darin angesammelte Galle in den Dünndarm fließt, zum anderen wird dadurch die Leber angeregt, neue Gallenflüssigkeit zu produzieren. Je fettreicher die Nahrung ist, umso mehr Galle entsteht in der Leber und durchfließt sie – wenn die Gallenkanälchen und Gallengänge sauber sind.

☆1☆ Leber mit Röhrensystem
 zum Abtransport der Gallenflüssigkeit

☆2☆ Lebergang

☆3☆ Gallenblase

☆4☆ Duodenum (= oberer Teil des Dünndarms)

☆5☆ gemeinsame Einmündung von Lebergang
 und Pankreasgang in den Dünndarm,
 die durch einen Schließmuskel reguliert wird

☆6☆ Ausführungsgang des Pankreas

☆7☆ Pankreas (= Bauchspeicheldrüse)

☆8☆ Magen

┈┈▷ Weg der Gallenflüssigkeit (= Galle):
 über das Speicherorgan Gallenblase und
 auf dem direkten Weg von der Leber in den Darm

**Bild: Schematische Darstellung des Galleabflusses
 aus der Leber in den Darm**

Warum eine saubere Leber so wichtig ist

Die Heilpraktikerin erklärte uns, dass die Lebersteine den Abfluss der Galle in der Leber stark behindern; der Rückstau, der dadurch in den Lebergallengängen entsteht, veranlasst die Leberzellen, weniger Gallenflüssigkeit zu produzieren. Damit wird weniger Cholesterin abgebaut und der Blut-Cholesterin-Spiegel steigt. Das leuchtete Michael und mir ein und wir drei waren uns einig: Diese Steine mussten so schnell wie möglich aus Michaels Leber entfernt werden! Aber wie?
Die Heilpraktikerin empfahl meinem Mann, seine Leber nach der Methode von Dr. Hulda R. Clark zu reinigen. In deren Buch „Heilverfahren aller Krebsarten" ist diese detailliert beschrieben (S. 573 ff). Darin erklärt die unabhängige Forscherin Dr. Clark:

„Die Leber von Gallensteinen zu befreien verbessert dramatisch die Verdauung, die die Grundlage unserer ganzen Gesundheit ist. Sie können erwarten, dass mit jeder Reinigung auch Ihre Allergien immer mehr verschwinden! So unglaublich es klingt, sie vertreibt auch Schulter-, Oberarm- und Rückenschmerzen. Sie haben mehr Energie und ein gestiegenes Wohlgefühl. (Das) Reinigen der Lebergallengänge ist die kraftvollste Prozedur, der Sie sich unterziehen können, um die Gesundheit Ihres Körpers zu verbessern ... <u>Bei vielen Personen, einschließlich Kindern, sind die Gallenwege mit Gallensteinen verstopft.</u> Einige entwickeln Allergien oder Nesselausschlag, andere dagegen zeigen keine Symptome. Wenn die Gallenblase gescannt oder geröntgt wird, ist nichts zu sehen. Typischerweise befinden sie sich nicht in der Gallenblase. Nicht nur das, die meisten sind zu klein und nicht verkalkt, eine Voraussetzung zur Sichtbarkeit auf dem Röntgenbild. Es gibt über ein halbes Dutzend verschiedene Arten von Gallensteinen, von denen die meisten Cholesterolkristalle in sich bergen. Sie können schwarz, rot, weiß, grün oder gelb-braun gefärbt sein ...

Es ist die Aufgabe der Leber, Galle zu erzeugen, 1 bis 1 ½ Liter am Tag! ... Wenn die Steine größer und zahlreicher werden, bewirkt der Gegendruck auf die Leber, dass dieselbe weniger

Galle produziert. Mit Gallensteinen verlässt viel weniger Cholesterol den Körper und die Cholesterolwerte können steigen. Da sie porös sind, können Gallensteine alle Bakterien, Zysten, Viren und Parasiten aufnehmen, die die Leber passieren. Auf diese Weise bilden sich ‚Herde' von Infektionen, die den Körper für immer mit frischen Bakterien und Parasitenstadien versorgen. Keine Mageninfektion wie Magengeschwüre oder Blähungen kann auf Dauer geheilt werden, ohne diese Gallensteine aus der Leber zu entfernen."

Wie die Leberreinigung funktioniert

Unsere Heilpraktikerin gab uns eine kurze Anleitung zur Leberreinigung nach Dr. Clark an die Hand, an die sich mein Mann genau halten sollte, wenn er einen guten Reinigungseffekt erzielen wollte. Da diese Kurz-Anleitung in wenigen Punkten von der Leberreinigung abweicht, wie sie in Dr. Clarks Buch beschrieben ist, werde ich hier die Variante vorstellen, wie wir sie durch unsere Heilpraktikerin kennengelernt haben.

☆ Das Leberreinigungs-Programm erstreckt sich über zwei Tage. Am ersten Tag muss ab morgens auf fetthaltige Nahrung völlig verzichtet werden. Ab 14 Uhr darf gar nichts mehr gegessen, ab 16 Uhr auch nichts mehr getrunken werden *(Laut Dr. Clarks Buch sollte bereits ab 14 Uhr nichts mehr getrunken werden)*.

☆ Um 18 Uhr und 20 Uhr wird Magnesiumsulfat (Bittersalz), das mit Wasser angerührt wurde, getrunken. Das Bittersalz hat eine abführende Wirkung, sodass sich der Darm durchfallartig entleert; zudem weitet dieses Salz die Gallengänge, wodurch die Lebersteine leichter aus der Leber hinausbewegt werden können. Das Bittersalz führt auch zur Kontraktion und damit zur Entleerung der Gallenblase und es öffnet den Schließmuskel an der Mündung des Lebergangs in den Dünndarm.

☆ Um 22 Uhr muss ein Gemisch aus Olivenöl und frischem Grapefruitsaft getrunken werden. *(Laut Dr. Clarks Buch müsste zu diesem Öl-Saft-Gemisch noch Schwarzwalnusstinktur hinzugefügt werden.)* Danach ist es wichtig, sich sofort ins Bett zu legen und ruhig auf dem Rücken liegen zu bleiben. Das Öl-Grapefruitsaft-Gemisch regt die Leberzellen zur Sekretion an. Die dabei entstehende Gallenflüssigkeit bewegt die Lebersteine in der Leber durch die geweiteten Gallengänge, bis sie schließlich über den Lebergang in den Darm gelangen.

☆ Am nächsten Morgen wird nach dem Aufwachen und zwei Stunden später die abführende Bittersalz-Lösung erneut getrunken. Der daraufhin einsetzende Durchfall lässt die Lebersteine in der Toilette erscheinen.

Dr. Clark schreibt in ihrem Buch „Heilverfahren aller Krebsarten", dass der Stuhl nach unten sinkt, während die Gallensteine nach oben schwimmen. Sie rät (S. 577/578):

„Halten Sie nach den Grünen (Steinen) Ausschau, da diese der Beweis dafür sind, das es echte Gallensteine sind und keine Essensreste. Nur Galle aus der Leber ist erbsengrün ... Zählen Sie grob, egal ob gelbbraun oder grün. Sie müssen auf eine Gesamtzahl von 2000 Steinen kommen, bevor die Leber rein genug ist ... Manchmal sind die Gallenwege voll von Cholesterolkristallen, die sich nicht zu runden Steinen geformt haben. Sie erscheinen wie ‚Spreu', die oben auf dem Toilettenschüsselwasser schwimmt. Sie kann gelbbraun sein und Millionen winziger weißer Kristalle beherbergen. Diese Spreu zu bereinigen ist genauso wichtig wie das Ausscheiden von Steinen ... Sie können die Reinigung in Abständen von zwei Wochen wiederholen. Tun Sie es jedoch nie, wenn Sie krank sind."

Der bewährte Weg zur sauberen Leber
Unsere Erfahrungen mit der Reinigung nach Dr. Clark

Mein Mann folgte dem Rat der Heilpraktikerin und begann mit ihrer oben beschriebenen Variante der Leberreinigung. Er vollzog die *Leberkur*, wie wir sie kurz nennen, im Laufe mehrerer Jahre 27 mal. Dabei verließen seinen Körper neben hellen, grießartigen Bestandteilen über 2500 Lebersteine verschiedener Größe, Farbe und Konsistenz. Die Größe der Steine reichte von klein über erbsen- und bohnengroß bis hin zur Größe kleiner Cocktailtomaten. Je größer die Steine waren, die seine Lebergallengänge passierten, umso größer waren die Schmerzen, die Michael unterhalb des rechten Rippenbogens in dieser Passagezeit hatte. Während die jüngeren kleineren Steine in der Regel weich waren, wiesen manche der älteren größeren Steine eine so feste Konsistenz auf, dass sich diese nur mit einer Rasierklinge durchschneiden ließen. Die meisten Steine waren grün: gelbgrün, hellgrün oder dunkelgrün; auch gelbe Steine waren öfters mit dabei.

Als ausgebildete Ernährungswissenschaftlerin war mein Forschergeist erwacht und ich hielt alle Erfahrungen, die wir bei den Leberkuren machten, schriftlich und fotografisch fest. Nach jeder Kur fühlte sich mein Mann besser, auch wenn die Prozedur jedes Mal körperlich sehr anstrengend für ihn war. Wenn besonders große, harte Steine die Leber verließen, entzündete sich das Lebergewebe, wie die Blutwerte, die wir regelmäßig ärztlich untersuchen ließen, zeigten. Gott sei Dank regenerierte sich die Leber jedes Mal von selbst sehr gut.

Der Hausarzt, zu dem wir die Blutproben brachten, war für das Thema Lebersteine nicht aufgeschlossen. Als wir ihm von der erfolgreichen Leberreinigung erzählten, lachte er uns aus und meinte selbstsicher, Lebersteine gäbe es nicht. Er weigerte sich, die Lebersteine in Natur oder auf Fotos anzusehen. Stattdessen verschrieb er nicht nur meinem Mann Leber belastende Medikamente mit erheblichen Nebenwirkungen, die Michael Gott sei Dank nicht einnahm. Wie wir von mehreren anderen Patienten dieses Arztes erfuhren, bekamen sie nach der Einnahme von Medikamenten, die er ihnen gegen leichte Erkrankungen verschrieben hatte, Magenblutungen, Bewusstseinsstörungen, Sprachausfall und andere schlimme Nebenwirkungen, während ihre Krankheitssymptome nicht verschwanden. Mein Mann und ich machten uns auf die Suche nach einem anderen Arzt und fanden glücklicherweise einen für alternative Heilverfahren aufgeschlossenen Mediziner, der die Existenz von Lebersteinen und die positive Wirkung der Leberreinigung nicht in Frage stellte.

Unsere Heilpraktikerin versuchte, mich zu motivieren, ebenfalls die Leberreinigung nach Dr. Clark zu machen, doch ich scheute mich davor. Zu genau hatte ich die zum Teil elenden körperlichen Zustände meines Mannes während der Leberkuren miterlebt. Ich wusste, dass Michael nicht empfindlich ist und einiges aushält, aber die Lösungen des Magnesiumsulfats und das Olivenöl-Grapefruitsaft-Gemisch, das bei dieser Reinigungs-Methode getrunken werden muss, würgten ihn immer wieder. Oft schüttelte es ihn nach dem Trinken kräftig und manchmal bekam der davon sogar einen Schüttelfrost mit Zähneklappern. Drei Leberkuren mussten wir abbrechen, weil meinem Mann nach der Einnahme der Bittersalz-Lösung oder nach dem Trinken des Öl-Saft-Gemisches übel wurde und er sich erbrach.

Da diese Leberkuren nicht das reinste Vergnügen waren, wollten wir jede Kur so effektiv wie möglich gestalten. Deshalb achteten wir auf Details, die die Verträglichkeit und den Reinigungseffekt verbesserten. So stellten wir fest, dass die Mondphasen einen deutlichen Einfluss hatten: Bei Neumond und Vollmond traten bei den Leberkuren so starke Übelkeit auf, dass wir diese Termine künftig für die Kuren mieden. Ein abnehmender Mond dagegen erwies sich als förderlich. Innere und äußere Ruhe wirkte sich ebenfalls sehr positiv aus. Die größte positive Wirkung aber hatte das Gebet. Wenn wir den himmlischen Mächten im Voraus für ihre Mithilfe dankten, damit sich bei der nächsten Leberkur die Leber meines Mannes besonders gut reinige, war die Steinausbeute besonders gut, zum Beispiel 145, 268 oder 342 Steine pro Kur.

Als ich diesen Gebetserfolg unserer Heilpraktikerin erzählte, meinte sie: „Die Steine wären auch ohne Gebet herausgekommen. Dies ist ein physiologischer Prozess, der automatisch abläuft!" Deshalb betete ich vor der nächsten Kur nicht und wartete das Ergebnis ab: Genau drei Ministeine und nicht mehr verließen bei dieser nächsten Kur ohne Gebet den Körper meines Mannes. Die folgenden Male beteten wir wieder für den hohen Reinigungserfolg und von nun an verließen wieder jedes Mal zahlreiche Steine den Körper von Michael.

Inzwischen sind einige Jahre vergangen, seit Michael seine letzte Leberkur dieser Art gemacht hat. Bis heute sind mein Mann und ich unserer ehemaligen Heilpraktikerin (sie ist letztes Jahr nach einem erfüllten Leben in ihr himmlisches Zuhause zurückgekehrt) sehr dankbar, dass sie das Leberreinigungs-Programm von Dr. Clark in unser Leben brachte, da sie damit entscheidend zur Heilung meines Mannes beigetragen hat. Ebenso sind wir Dr. Hulda Clark sehr dankbar, dass sie diese wirksame Methode der Leberreinigung trotz erheblicher Kritik von Medizinern einer breiten Öffentlichkeit bekannt macht und damit einen sehr wertvollen Beitrag zur Heilung und Prävention von Krankheiten leistet.

Erst vor kurzem erzählte mir eine befreundete Heilpraktikerin, dass sie mehrere Hundert Patienten hat, die unter ihrer Anleitung die Leber mit Bittersalz, Fruchtsaft und Olivenöl gereinigt haben und dabei bemerkenswerte Heilungen auftraten. Durch sie durfte ich auch erfahren, dass laut Dr. Clark deren empfohlenes Leberreinigungs-Programm wesentlich angenehmer verläuft, wenn zuvor die von Dr. Clark empfohlenen Parasiten- und Nierenreinigungs-Programme durchgeführt werden. Mein Mann Michael und ich wussten davon damals nichts und wir sind froh, dass er trotzdem alles gut überstanden hat und es ihm heute gesundheitlich so gut geht.

Noch einen großen Gesundheits-Schritt machte mein Mann letztes Jahr, als er seine Ernährung auf vegane Rohkost umstellte. Kurz darauf ist auch sein jahrelanger Dauerschnupfen und sein Heuschnupfen, der in den Jahren zuvor immer stärker geworden war, völlig verschwunden. Michael fühlt sich mit dieser vitalen Form der Ernährung genau wie ich: SO GUT WIE NOCH NIE!

Die neue Leberkur: lecker, leicht und ganz nebenbei
Unsere Erfahrungen mit der Früchte-Methode

Da mir die innere Reinheit meines Körpers sehr wichtig ist, war nun der Gedanke naheliegend, ebenfalls meine Leber zu reinigen. Doch ich wusste jahrelang nicht wie, denn mir war klar: Bittersalz wollte ich auf keinen Fall zu mir nehmen; es graute mir bei dem Gedanken, dass es mich beim Trinken schütteln könnte oder ich mich vielleicht sogar übergeben müsste. Auch wollte ich mir den zweitägigen Durchfall und das damit verbundene intensive Toiletteputzen ersparen. Auch das Risiko, dass sich mein Lebergewebe und meine Gallengänge durch harte, große Steine beim Abgehen entzünden könnten, so wie es mein Mann erleben musste, gefiel mir nicht. Ebenso erfreute mich die Vorstellung nicht, viele Male je zwei Tage lang viel Zeit auf der Toilette verbringen zu müssen und erschöpft auf der Couch und im Bett zu liegen.

IM GEGENTEIL: Wie viel Schönes bietet das Leben, das ich in dieser Zeit erleben wollte. Ich wünschte mir eine ganz andere Leberreinigung, die leicht und ganz nebenbei abläuft, während ich topfit in den Bergen wandere, tanzen gehe, vergnügt Klavier spiele und Harfe übe, am Schreibtisch meine Bücher schreibe und illustriere, den Haushalt mache, mich mit Freunden treffe ... Vor einem knappen Jahr, im Mai 2011 kamen mir plötzlich diese beflügelnden Gedanken: „Oh ja, und himmlisch lecker schmecken soll das, was ich für die Reinigung der Leber zu mir nehme! Und nicht nur die Leber soll sich dadurch schonend, aber intensiv reinigen, sondern am besten gleich der ganze Körper!" Bei diesen Gedanken begann mein Herz vor Freude zu hüpfen und ich rief in den Himmel:

Ja, genau, lieber Gott, so soll meine Leberkur sein: leicht und superlecker! Danke, dass du mir diese Gnade schenkst! Ich weiß, dass du für alles eine Lösung parat hast, ich weiß, dass es geht! Danke, danke, danke!

Zum Zeitpunkt meines Gebets hatte ich allerdings noch keinerlei Ahnung, wie dies gehen könnte. Aber ich vertraute voll auf Gottes All-Können und freute mich mit demütigem Kinderherzen auf meine angenehme, beglückende Leberkur und auf meine saubere, wohlfunktionierende Leber.

So sehr ich mich gerade noch gefreut hatte, so schnell vergaß ich meine neue Idee auch wieder und widmete mich wieder meinen Aufgaben. Ich hatte meinen Wunsch schließlich dem Himmel übergeben und dieser würde mir die Lösung dafür ins Leben bringen; dessen war ich mir sicher.

Denkt der Mensch nicht mehr daran,
Gottes Hand nun schaffen kann.
Gott lässt geschehen, was nötig ist,
ob der Mensch es merkt oder nicht.
Bald ist alles göttlich gefügt;
entdeckt's der Mensch, ist er vergnügt!

Wie der Himmel das Gewünschte mir ins Leben brachte

Wenige Tage später sagte mein Mann Michael, der von meinem Wunsch und meinem Gebet nichts wusste, unerwartet zu mir: „Ich habe mich entschlossen, den Vitamix zu kaufen, weil ich mehr Smoothies trinken möchte und die Zubereitung damit schneller und einfacher geht als mit unserem kleinen Mixer."

Da der Vitamix ein sehr hochwertiger Hochleistungsmixer mit langer Garantiezeit ist, hat er auch seinen Preis (über 600 Euro) und ich fragte mich, ob wir diesen Luxus wirklich brauchten. Über den Entschluss meines Mannes, mehr Smoothies, also pürierte Mixgetränke aus rohem Obst oder aus Fruchtgemüse mit grünen Blättern wie Spinat, Kohl oder Salat, zu trinken, freute ich mich, da ich von ihrem großen Gesundheitswert überzeugt bin. Deshalb antwortete ich Michael: „Weil wir einen kleinen Mixer haben, brauche ich diesen Luxusmixer nicht, aber wenn du ihn willst, dann kaufe ihn dir. Wir können ja gleich mal dafür um Geld beten." Unser Gebet wurde sehr schnell erhört, denn kurz darauf erhielten wir eine höhere Rückzahlung, die die Kosten des Mixers vollständig abdeckte. Mitte Juni 2011 fuhr Michael zur Rohkost-Messe „Rohvolution" und bestellte bei der Firma Keimling Naturkost den Vitamix zum Messepreis, der deutlich unter dem regulären Preis lag.

Knapp zwei Wochen später stand dieses Luxusgerät in unserer Küche und ich überlegte, was ich als Erstes damit ausprobieren könnte. Mein Blick fiel auf die Ananas, die ich gleich schälte, in große Stücke schnitt und dann samt Strunk im neuen Mixer zerkleinerte. Das Ergebnis war eine feine, cremige Flüssigkeit ganz ohne Fasern. Im Vergleich zu unserem kleinen Mixer zerkleinerte der neue Hochleistungsmixer das Gut wesentlich feiner und schneller. Um die zermuste Ananas besser trinken zu können, rührte ich den Saft von acht frisch gepressten Orangen und einer Zitrone unter. Michael und ich kosteten von diesem Getränk und fanden es herrlich. Es schmeckte lecker und erzeugte ein sehr angenehmes Körpergefühl, auch in dieser großen Menge. Jeder von uns hatte fast einen ganzen Liter davon getrunken.

Da die Bedienung und Reinigung des Vitamix so einfach und zeitsparend ist, kam er von nun an jeden Tag bei uns zum Einsatz. Michael und ich experimentierten mit den unterschiedlichsten Früchten und fanden eine Geschmacksvariante leckerer als die andere. Unseren Ananas-Zitronen-Orangen-Smoothie verfeinerten wir abwechselnd mit Beeren, wie Himbeeren, Blaubeeren und Erdbeeren, oder mit Äpfeln und Birnen, oder mit Mangos, oder mit Aprikosen, Nektarinen und Pfirsichen, oder mit Maracujas. Wenn sich mein Mann eine süße Note wünschte, wanderte auch mal eine halbe Sharon mit in den Mixer, und wenn es besonders gesund sein sollte, fügten wir noch Kohlblätter, rohen Spinat oder Salat hinzu. Da uns die Smoothies ohne die grünen Blätter jedoch besser schmeckten, kam dies nur selten vor.

Mein Körper verlangte inzwischen täglich nach diesen köstlichen, wohltuenden Getränken: zuerst nur morgens, bald auch tagsüber und abends. Am 8. Juli 2011 schrieb ich in mein

Tagebuch: „Mein Körper will seit Tagen nur noch rohes Flüssig-Obst in Form von frischem Saft und Smoothies. Etwas Melone, aus der Schale gelöffelt, oder etwas Avocado mit frischer Gurke und Tomate ist auch o. k. Alles andere verursacht meinem Körper derzeit Stress, weshalb ich es weglasse."

Was ich damals nicht ahnte, war, dass mich mein Körper auf diese Weise in die neue angenehme Methode der Leberreinigung führte. Nachdem ich mich gute zwei Wochen lang auf diese Weise ernährt hatte (Zitrussaft-Ananas-Smoothies in größerer Menge, zwischen 2 und 3 Liter pro Tag; zwischendurch eine halbe bis ganze Avocado, oft zwei Stück pro Tag), entdeckte ich Mitte Juli 2011 in meinem Stuhl etwas, das ich mir genauer ansah. Als ich meinen Mann Michael hinzuholte, waren wir beide uns einig: In der Toilettenschüssel schwammen Gebilde, die genauso aussahen wie Michaels Lebersteine, die er bei den Leberreinigungen nach Dr. Clark ausgeschieden hatte. Ich war höchst erstaunt, denn damit hatte ich nicht gerechnet. Sollte es möglich sein, dass sich mit *Zitrussaft verdünntem Ananas-Mus* und mit *Avocado* die Leber so effektiv reinigt, dass die Lebersteine den Körper verlassen? Noch dazu auf so angenehme Weise ohne Durchfall, ohne Schwäche, ganz nebenbei, während ich im Alltag voll funktioniere?

Genau achtete ich in der folgenden Zeit auf meinen Stuhl und entdeckte immer wieder Lebergrieß und einige Lebersteine darin. Da ich die Leberausscheidungen meines Mannes über Jahre genau studiert hatte, erkannte ich darin alte Bekannte. Glücklich stand ich immer wieder vor meiner Toilette und schaute hinein, mit Dankbarkeitstränen in den Augen.

Die neue Leberreinigung unter der Lupe
Warum sie funktioniert, was sie fördert, was sie hemmt

Im August und September 2011 war mein Leben etwas turbulent, sodass ich keine Zeit für detaillierte Aufzeichnungen und Studien hatte, doch ab Mitte Oktober wollte ich es genau wissen: Ich fing an, wie damals – als Michael die Leberkuren nach der Methode von Dr. Clark gemacht hatte – fotografisch und schriftlich festzuhalten, was ich ausschied. Mein Ernährungstagebuch füllte sich von da an täglich mit allem, was ich zu mir nahm, wie es sich auf mein körperliches Wohlbefinden und auf die Ausscheidung der Lebersteine auswirkte; ich hielt fest, wie sich die auftretenden Entgiftungssymptome lindern ließen, welche Faktoren den Reinigungseffekt der Leber verstärkten und welche ihn hemmten.

Ich wollte Zusammenhänge herausfinden und fand sie – in monatelangen Selbststudien an meinem Körper, die bis zum heutigen Tag andauern, an dem ich diese Zeilen schreibe.

Warum mache ich mir die ganze Arbeit? Weil ich dich, liebe Leserin, lieber Leser, und alle Menschen liebe; für mich müsste ich das nicht tun. Ich habe meinen Weg gefunden und fühle mich damit wohl. Weil ich aber sehe, dass viele Menschen noch Hilfe brauchen, um ihren eigenen Weg in Gesundheit und Wohlbefinden gehen zu können, sammle ich meine Erkenntnisse und fasse sie zusammen. Mein Ziel ist es, deinem Glück damit zu dienen.

Warum sich die Leber mit rohen Früchten reinigen lässt

Durch die vielen Leberkuren meines Mannes, bei denen ich ihm jahrelang wie eine Krankenschwester zur Seite stand, durfte ich viel lernen; zum Beispiel, was der Körper unbedingt benötigt, um seine Leber effektiv und schnell reinigen zu können:

✡ Magnesium

Dieser Wirkstoff weitet die Gallengänge und sorgt dafür, dass der Schließmuskel an der gemeinsamen Einmündung des Leber- und Pankreasganges in den Dünndarm entspannt ist; somit können auch größere Lebersteine das feine Röhrensystem der Leber passieren und mit der Gallenflüssigkeit in den Darm gelangen.

Diese Funktion übernimmt bei der Leberreinigung nach Dr. Clark das Bittersalz (= Magnesiumsulfat); bei der Reinigung mit rohen Früchten ist dieses Salz nicht nötig, weil der Körper das

Magnesium durch Ananas, Zitronen und Orangen erhält, in denen es in einer gut verwertbaren Form reichlich vorhanden ist.

 Pflanzliches Fett

Das zugeführte Fett regt die Leberzellen an, viel Gallenflüssigkeit zu produzieren, die nötig ist, um die unerwünschten Ablagerungen wie Lebergrieß und Lebersteine durch das weit verzweigte Röhrensystem der Leber bis in den Dünndarm zu spülen. Diese Aufgabe hat bei der Leberreinigung nach Dr. Clark das Olivenöl, das mit Grapefruitsaft getrunken wird; diese Kombination ist klug gewählt, da auch die Grapefruit Inhaltsstoffe aufweist, die die Leber anregen. Bei der reinen Früchte-Variante der Leberreinigung ist das Olivenöl nicht nötig, da die fettreiche Frucht Avocado das pflanzliche Fett in ausreichender Menge liefert.

 Vitale Reinigungskraft ersetzt körperliche Ruhe

Die Leberreinigung ist ein physiologischer Prozess, der den Körper viel Kraft kostet. Im Laufe der vielen Leberreinigungen, die mein Mann nach der Dr.-Clark-Methode machte, stellten wir immer wieder fest, dass körperliche Ruhe in diesen Tagen für den Erfolg sehr wesentlich war. Gönnte sich mein Mann diese nicht, hatte Michael mit Kreislaufproblemen zu kämpfen und die Zahl der Leberausscheidungen war sehr gering.

Ganz anders verhält es sich bei der Methode mit frischen Früchten: Während sich die Leber schonend reinigt, kann ganz normal gelebt, gearbeitet und die Freizeit genossen werden. Ich wanderte in diesen Zeiten in den Bergen, ging ins Tanztraining, walkte im Wald, genoss die Natur beim Ski-Langlaufen, arbeitete konzentriert an meinen Büchern und in meinem Büro, arbeitete im Haushalt und Garten, hatte stundenlange, anspruchsvolle Besprechungen mit Arbeitspartnern, besuchte Freunde ... und dennoch fanden sich die Leberausscheidungen am nächsten Tag zahlreich in der Toilette. Dass dies so wunderbar funktioniert, erkläre ich mir so:

Frische, reife Früchte sind sehr leicht verdaubar und liefern dem Körper viel Energie, die er sofort für seine Reinigung einsetzen kann. Besonders leicht verdaubar sind Rohkost-Säfte und Smoothies. Mein Lieblings-Smoothie, bestehend aus fein pürierter Ananas und frisch gepresstem Zitronen-Orangen-Saft, weist Inhaltsstoffe auf, die als besonders starke Körperreiniger fungieren: zum Beispiel organische Chlor- und Schwefelverbindungen, die in frischer Ananas in großer Menge vorkommen, sowie organische Säuren, wie zum Beispiel Zitronensäure, die reichlich in Zitronen, Orangen und Ananas zu finden sind. Eine Kombination aus allen Dreien ist höchste Reinigungskraft für den ganzen Körper.

Leber, Darm und Co: Alle werden rein und froh

Bei dieser Ernährung mit frischen Obstsäften und Smoothies reinigt sich nicht nur die Leber, sondern auch die Blut- und Lymphbahnen werden gereinigt, ebenso die Nieren und sämtliche anderen Organe des Körpers, wie zum Beispiel der Darm. Nur ein sauberer Darm bleibt auf Dauer gesund. Nur wenn der Darm gesund ist, kann auch der Mensch auf Dauer gesund sein.

Glücklich durfte ich in den letzten Monaten wiederholt feststellen, dass nach dem Genuss frischer Säfte, Smoothies und Obstmuse alte, harte, zum Teil verkleisterte Stuhlreste meinen Darm verließen: auf angenehme Weise gemeinsam mit dem lockeren, geruchlosen Stuhl der Früchtenahrung; diese Altlasten stammten noch aus Zeiten, in denen ich Kochkost mit tierischen Produkten, Kartoffeln, Reis, Nudeln und viele Bäckereiwaren zu mir genommen hatte; bei rein veganischer Obst- und Gemüse-Rohkost entstehen solch schädliche Ablagerungen im Darm nicht.

⭐ Darmreinigende Stoffe

Da während der Leber-Reinigungskuren die Körperschlacken aus der Leber in den Dünndarm geleitet werden, ist es wichtig, dass diese den langen Darm so schnell wie möglich passieren, um Rückvergiftungen zu vermeiden. Bei der Dr.-Clark-Methode dient zur schnellen Reinigung des Darms das Durchfall erzeugende Bittersalz. Heilpraktiker, die in der Leberreinigung erfahren sind, empfehlen zusätzliche Maßnahmen, wie zum Beispiel Darmspülungen, die einer Leberkur vor- und nachgeschaltet werden können, oder die Einnahme von Mitteln wie Heilerde, die freiwerdende Körpergifte binden und sie ausleiten.

Mein hochsensibler Körper verträgt weder Darmspülungen noch Arzneimittel oder sonstige alternative Heilmittel. Wie froh bin ich deshalb, dass die rohen Früchte mit ihren reinigenden Inhaltsstoffen auch einen schnellen Abtransport der

Leberausscheidungen durch den Darm gewährleisten. Im gesamten Beobachtungszeitraum (Oktober 2011 bis heute, Juni 2012) machte ich durchwegs die Erfahrung, dass die Verweilzeiten der Nahrung im Verdauungstrakt maximal einen Tag betrugen, wenn ich bei der beschriebenen Ernährung blieb. Einen großen Vorteil der Leber- und Darmreinigung durch Früchte sehe ich auch darin, dass die natürliche Darmflora dabei voll erhalten bleibt und nicht durch teure Darmbakterien wieder aufgebaut werden muss, wie dies nach Durchfällen, die durch Bittersalz herbeigeführt wurden, oder nach Darmspülungen ratsam ist.

Auf den Geschmack gekommen:
Erweiterter Speiseplan bei monatelanger Leberreinigung

Als mir bewusst geworden war, dass sich auf diese einfache, angenehme Weise die Leber effektiv reinigen lässt, wollte ich gar nicht mehr damit aufhören. Seit Wochen freute ich mich täglich: über die immer mehr werdenden Leberausscheidungen und über das leckere Essen bzw. Trinken, das dazu führte. Bereits abends beim Trinken des Gute-Nacht-Smoothies dachte ich mit Vorfreude an den Guten-Morgen-Smoothie des nächsten Tages. Tagsüber genoss ich zwischen den erfrischenden Getränken das Cremige der reifen Avocados und wenn ich auf andere Lebensmittel im Rohkostbereich Lust hatte, aß ich sie und notierte ihre Auswirkung auf die Leberstein-Ausscheidung. Dabei machte ich über Monate hinweg immer wieder die gleichen Erfahrungen: Manche Nahrungsmittel wirken sich eindeutig fördernd auf die Leberreinigung aus, andere verhalten sich neutral und wieder andere hemmen sie stark:

✡ **Lebensmittel, die die Leberreinigung fördern**

Allein mit Avocados und Ananas-Zitronen-Orangen-Smoothies lässt sich die Leber effektiv reinigen. Die folgenden Speisen unterstützen diese Methode, da sie den Körper zusätzlich reinigen und gerade bei wochen- oder monatelanger Durchführung den Speiseplan bereichern:

☆ **mit einer Zitruspresse frisch hergestellte Säfte** wie Grapefruitsaft, Mandarinensaft, Orangensaft und Mischungen daraus, die nach Belieben mit Zitronensaft verfeinert werden:

Manchmal werde ich gefragt, ob so viel Säure für den Körper gesund sei. Hier möchte ich den berühmten Ernährungswissenschaftler und Gesundheitsarzt Dr. Norman Walker zitieren, der in seinem Buch „Frische Frucht- und Gemüsesäfte" schreibt, dass die sauren Zitrusfrüchte im Körper eine stark alkalische, gesundheitsfördernde Wirkung haben, dass sie einer Übersäuerung des Körpers rasch entgegenwirken und dass sie täglich als Saft oder Stückgut verzehrt werden sollten.

Immer wieder erzählen mir Menschen, dass ihnen Fruchtsäuren nicht bekommen. Hier hilft das Trinken von rohen Gemüsesäften, die den Körper schonend alkalisieren, wodurch mit der Zeit auch frische Obstsäfte gut vertragen werden.

☆ mit einem Entsafter (z. B. Greenpower-, GreenStar- oder Champion-Saftpresse) hergestellte **Säfte aus rohem, frischen Gemüse, grünen Blättern und Obst**:

Gut schmecken mir Spinat-Karotten-Saft, Sellerie-Tomaten-Saft, Orangen-Fenchel-Saft, Apfel-Paprika-Kohl-Saft, Birnen-Sellerie-Saft, Gurke-Salat-Aprikosen-Apfel-Saft, Rote-Bete-Tomaten-Basilikum-Saft ...

Während Wurzelgemüse einiges an Verdauungsarbeit erfordert und deshalb nach meinen Erfahrungen den Körper zu viel Energie während einer Leberkur kostet, eignen sich die rohen Säfte daraus als begleitende Ernährung bestens, denn sie sind innerhalb weniger Minuten sehr leicht verdaubar und liefern viele wertvolle Nährstoffe, die helfen, den Körper zu reinigen. Mit diesen Säften machte ich ganz unverhofft eine sehr interessante Erfahrung – in einer Phase, in der ich mich wochenlang zunächst nur von rohem Obst und Zitrussäften ernährte. In diesen Wochen aß ich keine einzige Avocado, von der ich dachte, dass ihr hoher Fettgehalt unbedingt notwendig sei, damit Lebersteine ausgeschieden werden können.  Doch als ich in dieser Zeit an wenigen Tagen zusätzlich einen guten Liter Gemüse-Obst-Saft trank, den ich aus rohem Spinat, Karotten, Gurken, Tomaten, Basilikum, Stangensellerie, Äpfeln und Ananas in verschiedenen Mischungen herstellte, erschienen in den folgenden Tagen zu meinem Überraschen mehrmals wenige erbsengroße Lebersteine im Stuhl; sie schwammen nach oben, ließen sich leicht zerdrücken und wiesen einen harten Kern auf: so wie es für jüngere Lebersteine typisch ist.

Als ich später in Dr. Norman Walkers oben genanntem Buch las, wurde mir einiges klarer, denn hier schreibt der Autor: Durch Trinken von rohem Karottensaft „kann eine bemerkenswerte Reinigung der Leber eintreten, und Sie können feststellen, dass die Substanzen, die die Leber verstopfen, sich auflösen". Der fortschrittliche Arzt betont auch den hohen gesundheitlichen Wert von rohem Spinat und Spinatsaft, der ein wirksamer Darmreiniger ist. Seine abführende Wirkung beruht auf seinem hohen Gehalt an organischer Oxalsäure, die die Darmperistaltik positiv beeinflusst. *Im Gegensatz dazu ist die anorganische Oxalsäure in gekochtem Spinat ein Körpergift.* Roher Apfelsaft reinigt ebenfalls den Darm und ist reich an Magnesium, das die Gallengänge weitet.

Weil sie sehr gut schmecken und höchst gesund sind, schätze ich die rohen Gemüse-Obst-Säfte aus dem Entsafter sehr. Vor drei Jahren habe ich monatelang große Mengen davon getrunken. Im letzten Jahr trank ich sie jedoch nur noch sehr selten, da ihre Zubereitung und das Reinigen meines Entsafters aufwendiger ist als bei frischen Zitrussäften, Smoothies und Fruchtmusen.

☆ **rohes, reifes Obst aller Art**, wie Ananas, Äpfel, Aprikosen, Bananen, Birnen, Beeren, Cherimoyas, Feigen, Grapefruits, Kirschen, Kiwis, Mangos, Maracujas, Nektarinen, Orangen, Papayas, Pfirsiche, Sharons, Trauben ... **als Stückgut oder frisch zubereitetes Mus**:

Naturbelassene, unerhitzte, ungezuckerte Früchte sind leicht verdaulich und liefern dem Körper schnell verfügbare Energie, die den Reinigungsprozess des Körpers unterstützen. Besonders frische Ananas, in größerer Menge gegessen, zum Beispiel 500 bis 600 Gramm pro Tag, erhöhte die Menge an Leberausscheidungen deutlich. Da mir jedoch nach bereits zwei Ringen Ananas der Mund für längere Zeit brannte, aß ich nur selten und nur ungern mehr davon. Dieser unangenehme Brenneffekt tritt überhaupt nicht auf, wenn ich die Ananas wie beschrieben als Smoothie trinke. Auf diese Weise kann ich ganz leicht und mit Genuss zwei mittelgroße Ananas pro Tag zu mir nehmen, ohne das geringste Brennen.

Immer wieder erzählen mir Menschen, dass sie von Obst nicht richtig satt werden und dass es sie nicht lockt, es zu essen. Das verstehe ich, denn mir ging es noch vor Jahren genauso. Ein guter Trick dabei ist, die Früchte im Mixer zu Mus zu verarbeiten. Auf diese Weise lassen sich viel größere Obstmengen auf einmal essen und so herrliche Geschmacksvarianten erzeugen, dass jeder Kuchen uninteressant wird.

Mein absolutes Lieblingsessen ist derzeit ein Mus aus einer Mango und einer halben, geschälten, entkernten Zitrone, garniert mit frischen Himbeeren. Bei jedem Löffel danke ich dem lieben Gott, dass er so einen köstlichen Geschmack erschaffen hat!

Doch sie verwöhnen nicht nur den Gaumen: Regelmäßig stellte ich fest, dass Fruchtmuse, im Mixer aus frischem Obst hergestellt und sofort verzehrt, die Ausscheidung von Lebersteinen und Lebergrieß förderten. Als besonders wirksam erwies sich ein **Apfelmus** aus folgenden Zutaten (ergibt eine Portion):

4 Bio-Äpfel
(ohne Kernhaus)
und ¹/₂ Bio-Zitrone
(ohne Schale und
ohne Kerne)

nach
Belieben
plus:

Fruchtfleisch von ¹/₂ **Mango**,
**4 Erdbeeren,
50 g frischer Spinat**

Um zu erforschen, welche Nahrungsmittel die Ausscheidung von Lebergrieß und Lebersteinen bewirken, begrenzte ich zeitweise meine Nahrungszufuhr auf wenige Lebensmittel:

An Tagen, an denen ich nur Ananas-Zitrussaft-Smoothies trank und sonst nichts zu mir nahm, waren am nächsten Tag zwar Lebergrieß, jedoch keine Lebersteine im Stuhl.

Wenn ich ein oder zwei Portionen dieses Apfelmuses dazu aß, erschienen am nächsten Tag neben Lebergrieß auch einige kleine grüne Lebersteine. Dabei hatte ich an diesen Tagen das Mus aus Äpfeln, Zitrone, Mango und Erdbeeren zubereitet, ohne grünen Spinat.

An Tagen, an denen ich den Ananas-Zitrussaft-Smoothies und dem Apfelmus noch ein bis zwei Avocados hinzufügte, befanden sich am nächsten Tag im Stuhl in der Regel viele Lebersteine, einige davon in beachtlicher Größe. Die größten Gebilde, die auf diese Weise meinen Körper verließen, waren ein kugeliger Stein von 1,4 Zentimeter Durchmesser und ein länglicher Stein mit über 2 cm Länge.

Beim Betrachten dieser vielen und großen Gebilde dankte ich jedes Mal Gott. Schließlich sorgte er dafür, dass sie meinen Körper auf so schonende Weise durch die Leber, den Lebergang und den Darm passierten, eingebettet in einen Stuhl, der je nach Menge der zugeführten Nahrung in der Regel ein- bis dreimal pro Tag auf angenehme Weise, völlig schmerzfrei und zügig den Darm verließ. Was blieb mir da erspart, dachte ich nur an die kolikartigen Schmerzen, die Schweißausbrüche, den Schüttelfrost, das Erbrechen, den Durchfall und die Schwäche, die mein Mann bei seinen 27 Kuren oftmals zu durchleiden hatte. Da auch er seine Leber noch restlos reinigen möchte, ist er auf meine Methode umgestiegen und genießt sie sehr.

Ananas-Zitrussaft-Smoothie + Apfelmus + Avocado =
Die sanfte Powerreinigung der Leber

Besonders viele Leberausscheidungen befanden sich in der Regel morgens im Stuhl, wenn ich abends vor dem Schlafengehen auf leeren Magen noch einen Zitrus-Ananas-Smoothie getrunken hatte. Der Reinigungseffekt ließ sich noch steigern, wenn ich etwa 15 Minuten nach meinem **Gute-Nacht-Smoothie** eine Portion Apfelmus oder eine halbe bis ganze Avocado aß und dann ins Bett ging. Ich machte dies intuitiv, stellte aber irgendwann fest, dass dies auch meinem Verstand hätte einfallen können; denn hier besteht eine Parallele zur Dr.-Clark-Leberreinigung, bei der das Grapefruitsaft-Olivenöl-Getränk auch direkt vor dem Schlafengehen getrunken wird.

Grund-Zutaten meines täglichen Smoothies:

½ mittelgroße Ananas, 6 Orangen, 1 Zitrone

Oft genieße ich mein Ananas-Zitronen-Orangen-Getränk pur, an anderen Tagen „würze" ich es je nach Jahreszeit mit Mandarinensaft oder mit zwei Äpfeln oder Birnen oder Pfirsichen oder einer halben Mango oder einigen Beeren und Spinat, Feldsalat ... Das Schöne an dieser Art der Leberreinigung ist, dass sie im Rahmen der Früchte-Rohkost viele Variationsmöglichkeiten zulässt, sowohl bezüglich der Art und Menge der Früchte und grünen Blätter als auch der Tageszeit, wann etwas verzehrt wird. Man muss sich nicht an ein genaues Zeitschema halten, sondern darf und soll auf seinen Körper hören, was ihm gerade oder später am meisten Freude bereitet. Diese Organ reinigende Ernährungsform erlaubt, sich jederzeit nach seinen Bedürfnissen intuitiv zu ernähren.

Zeiten, in denen weder gegessen noch getrunken werden darf, so wie es bei der Methode nach Dr. Clark der Fall ist, gibt es bei der Früchte-Methode nicht. Um es meinem Körper bei der Verdauung leicht zu machen, halte ich mich nur an allgemeingültige Ernährungsregeln, wie: Getränke und Obst immer nur auf leeren Magen konsumieren; nach dem Essen einer Avocado eine Stunde bis zum nächsten Trinken oder Obstessen warten.

Wenn ich viele Stunden außer Haus bin und mir keine Smoothies oder Fruchtmuse zubereiten kann, mache ich entweder eine Nahrungspause, was mein Körper sehr genießt, oder ich nehme mir in einer Kühltasche Obst und Fruchtgemüse als Stückgut mit.

Wer sich an der unteren Gewichtsgrenze befindet, muss nicht fürchten, während der Leberreinigung abzunehmen, weil er keine Nahrungspausen einhalten muss und die zugeführte Nahrungsmenge selbst bestimmen kann.

Wer zu viele Pfunde hat, wird diese ganz nebenbei verlieren, ohne dabei zu hungern, während er die herrlichen Geschmacksvarianten in beliebiger Menge genießt – bis er, wenn er sich längere Zeit auf diese entschlackende Weise ernährt, sein Idealgewicht spielend leicht erreicht.

Die folgenden Speisepläne stammen von Tagen meiner Früchte-Leberkur, die einen hohen Reinigungseffekt auf meine Leber ausübten. Am nächsten Tag verließen jeweils zahlreiche Lebersteine in beachtlicher Größe meinen Körper.

Die Power-Variante der Leberreinigung

Speiseplan-Beispiele

	Tag 1	Tag 2	Tag 3
morgens	1,2 Liter Smoothie (zubereitet aus den Grund-Zutaten (GZ) + Mango)	1,3 Liter Smoothie (aus GZ + Birnen)	0,8 Liter Saft (aus Orangen + Grapefruit + Zitrone), 2 Birnen
vormittags	1 Avocado pur	½ mittelgroße Papaya mit Zitronensaft	1 Avocado + Cocktail-Tomaten
mittags	0,8 Liter Smoothie (aus GZ), 1 Portion Apfelmus	0,5 Liter Saft (aus Orangen + 1 Zitrone), Spinat-Salat mit Zitronensaft-Olivenöl-Sauce, Tomaten, Basilikum, ¼ Salatgurke, Frühlingszwiebel und 1 Avocado	1,4 Liter Smoothie (aus GZ + Erdbeeren, Heidelbeeren und Spinat)
nachmittags	1 Avocado pur	1 Portion Apfelmus	1 Avocado + 1 Banane (beides mit einer Gabel zerdrückt und vermischt)
abends	1 Liter Smoothie (aus GZ + Apfel)	1,2 Liter Smoothie (aus GZ), 1 Avocado	0,8 Liter Smoothie (aus GZ), 1 Portion Apfelmus

GZ = Grund-Zutaten: Ananas, Orangen und Zitrone

Um das Thema Früchte abzurunden: Sogar Trockenfrüchte in Rohkostqualität (ich bestelle sie bei Keimling Naturkost) verhinderten nicht die Steinausscheidung. Allerdings beschränkte ich mich meinen Zähnen zuliebe auf geringe Mengen, zum Beispiel 6 Datteln pro Tag, an einzelnen Tagen.

☆ **Rohes Fruchtgemüse,** wie Tomaten, Gurken und Paprika, **und Blattgemüse,** wie frischer Spinat, Feldsalat und andere grüne (auch rote) Blattsalate und essbare Blätter:

Immer wieder stellte ich fest, dass der Reinigungserfolg besonders hoch war, wenn ich die Avocado alleine gegessen habe. Doch gerade wenn die Leberreinigungskur über längere Zeit durchgeführt wird, ist es eine schöne Abwechslung, die Avocado nicht nur pur, sondern auch mit frischem Fruchtgemüse und daraus zubereiteten Musen oder Salaten zu essen. Die Salatsauce stelle ich aus Olivenöl in Rohkostqualität (meine Bezugsquelle: Keimling Naturkost) und frischem Zitronensaft her. Essig kommt in meiner Küche nicht mehr vor, da er meiner Meinung nach als Vergärungsprodukt dem Körper schadet.

Da ich generell auch keine getrockneten Gewürze verwende, würze ich mit frischen Kräutern und Frühlingszwiebeln. Gerne püriere ich reife Tomaten mit Basilikumblättern und löffle das Mus wie eine Suppe. Soll es etwas würziger sein, gebe ich in den Mixer zusätzlich frischen Paprika, Frühlingszwiebel, Zitronensaft und Stangensellerie als Ersatz für Salz, das ich seit Jahren aufgrund seiner gesundheitsschädlichen Wirkung nicht mehr verwende.

Ob zur Avocado oder zu Früchten liebe ich die grünen Blätter und bin immer noch erstaunt, dass ich sie nicht einmal im Mixer zu grünen Smoothies verarbeiten muss, um sie begleitend zur Leberkur einsetzen zu können. Die knackigen Salate, besonders auch frische Spinatblätter, reduzieren die Steinausscheidung keineswegs. Ganz anders reagiert mein Körper auf die nachfolgend genannten Lebensmittel:

✡ Lebensmittel, die die Leberreinigung hemmen

Während des letzten Jahres ernährte ich mich wie oben beschrieben, wobei ich an manchen Tagen meinen Speiseplan um einzelne Lebensmittel erweiterte. Dabei stellte ich wiederholt fest, dass die folgenden Nahrungsmittel für einige Tage die Steinausscheidung deutlich reduzierten oder sogar ganz unterbanden:

✡ Wenn ich Lust auf etwas Knuspriges hatte, streute ich mir Samen wie Kürbiskerne, Sonnenblumenkerne, Sesamsamen, Pinien- oder Zedernkerne über die Salate oder ich aß eine Handvoll Nüsse. Lecker finde ich auch Kokosmus oder Kokosraspel über roher Tomatensuppe. Dabei achtete ich immer auf Rohkostqualität der Produkte. So gut sie auch schmeckten, musste ich jedes Mal feststellen, dass **Samen und** besonders **Nüsse aller Art** meinen Körper so viel Verdauungsenergie kosteten, dass diese Lebensmittel die Ausscheidung von Grieß und Steinen aus der Leber für mehrere Tage zum Erliegen brachten.

✡ Den selben reinigungshemmenden Effekt haben bei mir **eingelegte Oliven** und roher **Mais**, den ich mit einem Messer vom Kolben geschnitten gerne frischen Salaten beifüge.

✡ Nicht ganz so drastisch wirken sich **Wurzelgemüse** wie zum Beispiel Karotten, Rote Bete, Sellerie, Petersilienwurzel oder Kohlrabi aus, wenn sie fein geraspelt zu Rohkost-Salaten verarbeitet sind. Jedoch benötigen sie auch in dieser Form immer noch viel Verdauungsenergie und kosten den Körper damit Kraft, die ihm nicht zur Leberreinigung zur Verfügung steht. Meine Erfahrung ist, dass Wurzelgemüse geraspelt, gut gekaut und nur in geringen Mengen verzehrt die Steinausscheidung zwar nicht unterbindet, aber einschränkt.

Als besonderes Geschmackserlebnis empfinde ich frisch geriebenen Meerrettich, wenn er mit Zitronensaft vermischt über eine Avocadohälfte gestreut ist; behutsam in geringen

Mengen angewandt ist Meerrettich ein wertvoller Schleimlöser. Jedoch reizte er wiederholt meine Blase und verursachte mir Blasenschmerzen, die sich Gott sei Dank durch Dankgebete nach wenigen Stunden auflösten; mein Körper war dadurch allerdings sehr mit meiner Blase beschäftigt, so dass er sich in dieser Zeit der Leberreinigung nur in geringerem Maße bis gar nicht mehr widmen konnte.

Die hier vorgestellten Ergebnisse sind Erfahrungen, die ich an meinem Körper im letzten Jahr gemacht habe. Mein Mann Michael, der inzwischen (mit wenigen Ausnahmen) auch Rohköstler ist, konnte mir diese Erfahrungen an seinem eigenen Körper bestätigen; auch bei ihm funktioniert die Früchte-Methode der Leberreinigung. Da durch die zahlreichen Reinigungskuren nach der Dr.-Clark-Methode bereits viele Ablagerungen aus seiner Leber herausgereinigt wurden, erscheinen heute bei Michael nur noch Restbestände wie Grieß und einige, kleinere Lebersteine – besonders montags, wenn er am Wochenende mit mir mehrere Smoothies und Obstmuse zu sich genommen hat.

Wie sich die Früchte-Methode der Leberreinigung auf Nichtrohköstler auswirkt, wie viele Tage sie bei dieser Ernährungsform bleiben müssen, damit sich erste Ergebnisse zeigen, beginne ich erst zu erforschen. Bisher kann ich Folgendes dazu sagen:

☆ Jegliche **hitzebehandelte Kost** und **tierische Produkte** wie Fleisch, Wurst, Fisch, Eier, Milch, Käse und andere Milcherzeugnisse bereiten dem Körper viel Verdauungsarbeit, weil das menschliche Verdauungssystem entgegen der üblichen Lehrmeinung nicht für diese Nahrungsmittel geschaffen ist.

Entwicklungsgeschichtlich sind wir Menschen Frugivoren, das heißt Lebewesen, die sich von rohen, reifen Früchten ernähren; diese können wir optimal mit geringem Energieaufwand verdauen. In sonnengereiften Früchten sind alle Nährstoffe enthalten, die wir zuführen müssen – auch die Bausteine für unseren Eiweiß- und Fettstoffwechsel. Dagegen können wir erhitzte und tierische Produkte nur mit hohem Energieaufwand unvollständig verdauen. Die schädlichen Stoffwechselprodukte, die dabei entstehen, werden nicht vollständig ausgeschieden und lagern sich an zahlreichen Stellen im Körper ab, zum Beispiel in der Leber und im Darm. Somit ist es verständlich, dass die Leberreinigung nicht funktionieren kann, während diese Lebensmittel verzehrt werden.

Hitzebehandelte und tierische Lebensmittel übersäuern zudem den Körper und führen zu gesundheitsschädlichen Fäulnis- und Gärprozessen im Verdauungstrakt. Der beste Beweis dafür ist der unangenehm „duftende" Stuhl von Nicht-Rohköstlern. Da ich im Laufe der letzten Jahrzehnte sämtliche Ernährungsstufen durchlaufen habe *(vom Allesesser zum Ovo(Eier)-Lakto(Milch)-Vegetarier zum Lakto-Vegetarier zum Veganer (nur Pflanzliches, aber auch erhitzt) zum Rohkost-Veganer zum zeitweisen Früchte-Rohkost-Veganer)*, weiß ich aus eigener Erfahrung, dass nur der Stuhl von Menschen, die sich von rohen, reifen Früchten, essbaren, frischen Blättern und wenig rohem Gemüse ernähren, geruchlos ist. Dies ist für mich neben vielen anderen Vorteilen der Hinweis, dass ich endlich bei der richtigen Ernährung angekommen bin.

Die Leber zu reinigen, empfiehlt sich heute für jeden Menschen, der sich von Kochkost und tierischen Produkten ernährt oder lange Zeit davon ernährt hat. Auch schlanke Menschen können innerlich viele schädliche Ablagerungen im Darm, in der Leber, den Blutgefäßen und anderen Organen haben. Das beste Beispiel dafür ist für mich mein eigener schlanker Ehemann, der eine stark versteinte Leber und dick belegte Blutgefäße hatte. Gott sei Dank lässt sich dies mit den beschriebenen Reinigungsmethoden rückgängig machen.

Wie der Einstieg gelingen kann

Immer öfters kommt es in letzter Zeit vor, dass mich Nachbarn, Freunde, Bekannte, Leserinnen und Leser und sogar interessierte Heilpraktiker fragen, ob sie das Rezept haben können, nachdem ich meine Leber auf so angenehme Weise reinige. Es ist schön zu sehen, dass in meinem Umfeld immer mehr Menschen damit beginnen, morgens einen Ananas-Zitrussaft-Smoothie genussvoll zu trinken. Manche bleiben sogar bereits bis mittags bei den rohen Früchten. Wenn sie dann in der zweiten Tageshälfte zu Gekochtem, Gebratenem, Gebackenem und Tierischem zurückkehren, scheiden sie zwar noch keine Lebersteine und keinen Lebergrieß aus, doch sie machen in der ersten Tageshälfte einen entscheidenden Schritt in Richtung gesunde Ernährung, die dem Körper hilft, sich auf lebendige Kost umzustellen und sich schon mal auf langsame Weise zu reinigen; denn jeder Schluck der gesunden Getränke, auf leeren Magen getrunken, setzt die Reinigung des Körpers in Gang.

Von anderen höre ich, dass sie meine Früchte-Methode zur Leberreinigung sogar mehrere Tage lang ausprobieren wollen. Ich bin auf die Ergebnisse gespannt und freue mich über jeden, der damit gesünder wird und mehr Lebensqualität bekommt.

Falls du, liebe Leserin, lieber Leser, auch dazu zählst, wünsche ich dir besonders viel Freude beim Experimentieren mit den leckeren Geschmäckern und beim liebevollen Umgang mit deinem Körper, aber auch Standhaftigkeit, falls du kritische Stimmen dazu hörst. Alles segenbringende Neue hat Kritiker; auch sie sind ein Segen, denn sie helfen uns, unseren Weg noch überzeugter zu gehen.

Das Neue ist da, es wartet auf dich!
Es ist der Weg der Freude, auf dem du Ballast abwirfst.
Belastendes Altes lässt du zurück,
was du empfängst ist Gesundheit und Glück!

Warum wir uns sicher sind, dass es Lebersteine sind
Argumente, die Kritikern den Wind aus den Segeln nehmen

Mein Mann Michael, der promovierter Agrarwissenschaftler ist, und ich als ausgebildete Ernährungswissenschaftlerin verfügen beide über Fachwissen im Bereich der Chemie, Biochemie, Anatomie, Physiologie und Ernährungsmedizin. Die Kritik mancher Ärzte, die diese den Lebersteinen entgegenbringen, halten wir für ungerechtfertigt. Nach deren Meinung gebe es nur Gallensteine in der Gallenblase. Durch Mittel, die den Gallefluss anregen, könnten nur Grieß oder kleine Steinchen bis zu 2 mm Größe abgehen. Größere Steine könnten nicht ausgeschieden werden, sie würden zu einem Verschluss führen. Deshalb raten diese Mediziner von Radikalmaßnahmen, wie sie die Reinigung nach Dr. Clark bezeichnen, dringend ab. Die angeblichen Lebersteine, die nach einer solchen Kur ausgeschieden würden, seien lediglich „Seifen", die während der Kur im Darm unter dem Einfluss der Säure des Grapefruitsafts aus den Fettsäuren des Olivenöls entstünden.

Im Laufe der vielen Leberreinigungen haben mein Mann Michael und ich zahlreiche Erfahrungen gesammelt, die diesen Thesen vollkommen widersprechen. Wären die Steine nur Verseifungsprodukte, die während der Kur entstünden, müssten sie jedes Mal in etwa gleicher Menge entstehen, da bei Kuren nach Dr. Clark immer die gleiche Menge an Grapefruit-Olivenöl-Gemisch getrunken wird. Es gab bei Michael jedoch Kuren, bei denen außer drei Ministeinchen nichts in der Toilette erschien, während bei anderen Kuren mehrere Hundert Steine ausgeschieden wurden; viele davon hatten einen Durchmesser von 0,4 bis 1 cm, einige wenige sogar bis zu 2 cm. Wenn solche großen Steine, die meist zudem sehr hart waren, die Gallengänge passierten, hatte Michael kolikartige Schmerzen im Bereich der Leber. Wären es keine Lebersteine gewesen, sondern nur im Darm entstandene „Seifen", hätte Michael nicht diese Scherzen durchmachen müssen. Ein weiteres Argument ist, dass sich bei den Leberkuren regelmäßig Michaels Lebergewebe durch die passierenden

Steine entzündete. Würden die Steine nur im Darm als „Seifen" entstehen, hätte sich die Leber bei den Kuren nicht entzündet. Hätte mein Mann seine Leber nicht über Jahre hinweg von den zahlreichen Ablagerungen gereinigt, wäre er heute niemals so gesund oder vielleicht sogar bereits an Herzinfarkt gestorben, wie uns Heilpraktiker und aufgeschlossene Ärzte mehrfach nach Untersuchungen bestätigt haben.

Bei meiner Früchte-Variante der Leberreinigung könnten sich Kritiker fragen, ob es sich hier wirklich um Lebersteine handle oder ob diese nur „Seifen" (aus Avocadofett) oder eventuell unvollständig verdaute Avocadoreste seien. Auch wenn meine Steine keineswegs wie unverdaute Avocadostücke aussehen, sondern in Form, Farbe, Größe, Geruch und Konsistenz *(mit einer Ausnahme: siehe unten)* den Steinen meines Mannes, die er durch die Dr.-Clark-Methode ausschied, gleichen, ging ich dieser Frage vorsorglich nach – und fand sechs Sachverhalte, die eindeutig dafür sprechen, dass es echte Lebersteine sind:

☆ Ein deutliches Zeichen, dass die Steine aus der Leber kommen, ist folgende Wahrnehmung, die Michael und ich regelmäßig machten: Nach dem Trinken der Ananas-Zitrussaft-Smoothies spürten wir, wie das Lebergewebe aktiv wurde und leicht kribbelte. Nach dem Verzehr einer halben oder ganzen Avocado drückte und brannte es leicht unterhalb des rechten Rippenbogens für kurze Zeit; darüber freuten wir uns, nachdem wir dieses Symptom als harmlosen Reinigungsschmerz erkennen durften, der nach wenigen Sekunden bis Minuten ganz von selbst aufhörte. Am nächsten Tag durften wir uns über Lebergrieß und Lebersteine freuen, die bei den Stuhlgängen unseren Körper verließen. *Auch wenn dabei in meinem Fall große Steine abgingen, traten keine nennenswerten Schmerzen auf, da die Steine in der Leber durch die rohen Obstsäfte aufgeweicht waren. Steinharte Gebilde, wie mein Mann sie vor Jahren hatte, gab es bei mir nicht.*

☆ Einen Beweis, dass die Steine keine Verseifungsprodukte sind, die während der Reinigung entstehen, sehe ich in der folgenden Beobachtung, die ich monatelang machte: Im Laufe der vergangenen Monate gab es zahlreiche Tage, an denen nur Lebergrieß oder gar keine Leberausscheidungen, also kein Grieß und kein einziger Stein, im Stuhl waren, obwohl ich in den Tagen zuvor ausschließlich Obst-Smoothies, Zitrussaft, Fruchtmuse und Avocados zu mir genommen hatte: eine Ernährungsform, die an anderen Tagen zu höchster Steinausscheidung geführt hatte.

Diese Steinpausen erkläre ich mir so: Die Ablagerungen in der Leber müssen lange Wege durch das weit verzweigte Röhrensystem zurücklegen, bis sie am Ausgang der Leber ankommen. Dieses „Nachrutschen" aus den hintersten Winkeln der Leber benötigt Zeit. Diese steinlosen Tage sind mir sehr kostbar, da sie zum einen belegen, dass mein Körper die Avocado ordentlich verdaut; sonst wären bei der beschriebenen Ernährungsweise immer „Avocadoreste" im Stuhl. Zum anderen beweisen sie, dass die Steine nicht im Darm aus den zugeführten Nahrungskomponenten entstehen, sonst würden sie bei gleicher Ernährung immer im Stuhl erscheinen.

☆ Wertvolle Hinweise, dass die Lebersteine weder „Seifen" aus Avocadofett noch unverdaute Reste davon sind, lieferten die folgenden Erfahrungen: Der Verzehr der fettreichen Frucht Avocado verstärkt zwar die Reinigung der Leber erheblich, da sie die Leberzellen zur erhöhten Produktion von Galle anregt, allerdings ist die Avocado für die Reinigung der Leber nicht zwingend notwendig. Dies beweisen die Zeiten, in denen ich tagelang bzw. wochenlang keine einzige Avocado und keine anderen fettreichen Lebensmittel aß und dennoch Lebersteine ausschied: durch den alleinigen Verzehr von Zitrussäften, Ananas (und anderem Obst) als Stückgut und Gemüsesäften bzw. durch Ananas-Zitrussaft-Smoothies und Apfelmus.

☆ Über den gesamten Beobachtungszeitraum hinweg machte ich die Erfahrung, dass an Tagen, an denen mein Körper durch eine starke Regelblutung beeinträchtigt war, die Zahl der ausgeschiedenen Steine deutlich niedriger ausfiel als an normalen Tagen. Dies erkläre ich mir damit, dass die Menstruation ebenfalls eine Entgiftungsreaktion ist, die den Körper zu viel Kraft kostet, um nebenbei die Leber effektiv zu reinigen. Wären die Lebersteine nur „Seifen", die im Darm entstünden, dürfte die Menstruation keinen Einfluss auf die Zahl der ausgeschiedenen Steine haben.

☆ Einer der deutlichsten Beweise, dass es sich nicht um „Seifen" aus dem Darm handelt, ist für mich die Entwicklung der Menge an Leberausscheidungen im Laufe der Zeit. Hierbei sind drei Phasen erkennbar:

Phase 1: Nachdem ich mit der oben beschriebenen Ernährungsform begonnen hatte, erschienen nach guten zwei Wochen die ersten Lebersteine im Stuhl. In den folgenden Monaten war ein langsamer Anstieg an Zahl und Größe der Steine zu beobachten.

Phase 2: Es folgten mehrere Monate, in denen sehr viele und zum Teil große Steine ausgeschieden wurden. In dieser Zeit gab es besonders erfolgreiche Tage, an denen 150 bis 380 Steine pro Stuhlgang in der Toilette zu finden waren. Dabei spürte ich jedes Mal eine riesige Erleichterung und Freude. Ich hatte das starke Gefühl, dass mich auch im Feinstofflichen etwas sehr Belastendes verlassen hatte. Eines Tages fragte ich meine Engel, „wie lange das mit den vielen Steinen denn noch so weitergeht". Meine geistige Führung antwortete mir, dass „das Meiste aus meiner Leber jetzt herausgereinigt ist und es mit den vielen Steinen in der Toilette bald ein Ende hat". Bereits wenige Tage nach dieser Botschaft verringerte sich die Anzahl der ausgeschiedenen Steine tatsächlich beträchtlich und sank bald auf etwa ein Zehntel der vorigen Menge ab, obwohl ich meine Ernährung nicht veränderte.

Phase 3: Somit begann vor wenigen Monaten die dritte Phase, die bis heute andauert. Seither ist zu beobachten, dass die Zahl und Größe der Steine kontinuierlich langsam weiter abnehmen.

Übrigens: Als ich das erste Mal von den vernichtenden Gegenargumenten aus der klassischen Medizin hörte und mich fragte, ob ich mich die ganzen Jahre über getäuscht habe, hörte ich meine geistige Führung ungefragt mit eindringlich-liebevoller Stimme sagen: „Lasse dich nicht verunsichern. Es sind Lebersteine und keine „Seifen" aus dem Darm! Sie haben sich im Laufe der Zeit in der Leber gebildet und entstehen nicht erst während den Leber-Reinigungskuren im Darm. Du weißt doch, wie wichtig es ist, die Leber davon zu befreien. Verbreite deine Botschaft! Du wirst vielen Menschen damit helfen!"

☆ Einen weiteren Hinweis, dass es sich um Lebersteine handelt, liefert mein körperlicher Zustand in der Reinigungsphase: Oft litt ich unter heftiger Übelkeit, besonders dann, wenn viele Steine meinen Körper verließen. Inzwischen bin ich ein glücklicher Verlierer von mehreren Tausend Lebersteinen; meine Toilette wurde dabei steinreich, und meine Leber atmet auf, da sie von vielen giftbeladenen Stoffwechselschlacken befreit ist. Wenn diese mobilisiert werden, ist es ganz normal, dass Übelkeit und andere Reinigungssymptome auftreten. Gott sei Dank haben wir Menschen den allmächtigen, lieben Gott zum besten Freund, der uns davon erlösen kann:

Wie sich Reinigungssymptome auflösen lassen

Wenn du dich tagelang, wochenlang oder länger ausschließlich rohköstlich und vegan ernährst und vor allem saure und halbsaure Früchte zu dir nimmst, hast du die reinigendste und damit gesündeste Ernährung gewählt. Ist dein Körper erst einmal gereinigt, erwartet dich strahlendes Aussehen und Fitness.

Bis dahin, während dein Körper Gifte und Schlacken aus seinen letzten Winkeln holt, können Kopfschmerzen, Übelkeit, Gelenkschmerzen, Muskelschmerzen oder Müdigkeit auftreten. Auch Organe, die früher entzündet waren, können sich wieder melden. So erlebte ich in letzter Zeit immer wieder, dass mir sekundenlang oder länger die Nebenhöhlen und Stirnhöhlen schmerzten, da ich früher dort öfters Entzündungen hatte. Dieses **„Hier-und-da-mal-Zwicken"** ist jedoch so harmlos, dass ich es freudig als Weg zum völligen Gesundsein annehmen kann. Falls es mir doch nicht gefällt, brauche ich nur kurz im Voraus zu danken, und Gott erlöst mich davon – dich natürlich auch.

☆ Monatelang kam es immer wieder vor, dass direkt nach dem Trinken des Zitrussaft-Ananas-Smoothies starke **Kopfschmerzen** auftraten. Meist verschwanden sie innerhalb weniger Minuten von selbst. Falls nicht, konnte ich sie durch das Essen einer Avocado oder weniger rohköstlicher Trockenfrüchte ganz leicht beseitigen. Wenn ich nichts essen wollte, dankte ich ein- bis mehrmals für optimales Wohlbefinden. Spätestens eine halbe Stunde später war ich beschwerdefrei, ohne die Einnahme von Schmerzmitteln: Diese nehme ich generell nicht, da sie für die Reinigung des Körpers kontraproduktiv wären.

☆ Viele Monate lang – besonders in der Zeit, in der viele Lebersteine meinen Körper verließen – plagte mich vor allem morgens eine zum Teil heftige **Übelkeit**; oft wurde sie nach dem Morgen-Smoothie und den ersten beiden Toilettengängen weniger, da die Verursacher gerade wieder meinen Körper verlassen hatten. An vielen Tagen begleitete mich die Übelkeit jedoch den ganzen Tag. So hatte ich mir das nicht vorgestellt.

Vor einigen Wochen kam mir endlich die rettende Idee und ich betete: „Lieber Gott, ich halte diese Übelkeit nicht mehr aus. Erlöse mich durch deine Gnade ein für allemal davon. Danke!" Wäre mir dieses Gebet nur früher eingefallen, denn es wirkte prompt. Seither bin ich davon befreit. Gottes Gnade ist wundervoll!

☆ Wer sich wie ich nahezu nur von rohen Früchten, grünen Blättern und daraus zubereiteten Getränken oder Musen ernährt, profitiert in zweifacher Hinsicht:

Erstens stellt sich nach einiger Zeit das Idealgewicht und *bei begleitendem Sport oder Yoga* die Idealfigur ein; denn durch die reinigenden Inhaltsstoffe dieser Nahrung verlassen sämtliche Schlacken den Körper und durch ihre wertvollen Nährstoffe wird neue, gesunde Körpersubstanz aufgebaut; nicht nur *ordentliche*

Muskeln wachsen mit Früchten und Blättern bei entsprechendem Training, sondern auch die Fitness und Ausdauer; deshalb ist diese Ernährungsform auch für Sportler aller Art ideal.

Der zweite Vorteil besteht darin, dass auch der feinstoffliche Körper eine wohltuende Reinigung erfährt, wenn der physische Körper innerlich gereinigt wird, da beide Körper sich stark beeinflussen. Während meine Steine aus der Leber „fielen", spürte ich in den Monaten der intensiven Reinigung regelmäßig, wie mir dabei auch „ein Stein, besser gesagt viele Steine vom Herzen fielen". Ich fühlte mich erleichtert und befreit von etwas, das ich nicht immer genau benennen konnte. Mein Herz weitete sich und eine beflügelnde Zuversicht und dankbare Freude stieg in mir auf. Das Leben fühlt sich ohne diesen körperlichen Schlackenballast viel leichter an.

Zum anderen kann jedoch die Erdung schwächer werden, was sich in **Schwindelgefühlen** bemerkbar macht. Mich zog es eine Zeit lang immer wieder ein Stück aus meinem Körper hinaus und der Raum um mich schien sich zu drehen, was ich als sehr unangenehm empfand. Sobald ich für meine vollkommene Erdung dankte, ging es mir deutlich besser. Seitdem ich dafür danke, dass „alle Menschen göttlich gut geerdet sind", fühle ich mich besonders gut in meinem Körper verankert und mit Mutter Erde durch die Kraft der Liebe verbunden.

☆ Von Beginn an hatte ich über viele Monate regelmäßig nach dem Trinken von Zitronen-Orangen-Saft oder Zitrus-Ananas-Smoothies ein unangenehmes **Kältegefühl** im Körper. Dieses ließ sich etwas lindern durch die Zugabe von Mango, Sharon oder Banane. Da ich jedoch den Zitronen-Orangen-Ananas-Smoothie gerne auch ohne andere Früchte trinke, sagte ich vor einigen Wochen zu meinen geistigen Helfern: „Geliebte Engel, ich wünsche mir, dass es mir ab jetzt beim Safttrinken nicht mehr kalt oder kühl wird, sondern angenehm warm soll es mir dabei sein. Ich weiß, dass ihr das bewirken könnt. Danke für eure zuverlässige Hilfe!" Dabei freute ich mich darauf wie ein Kind. Das Wunder geschah tatsächlich: Als ich die nächsten Male diese

Getränke zu mir nahm, war mir schon deutlich weniger kalt; allerdings war es mir noch nicht so warm, wie ich es mir wünschte. Deshalb wiederholte ich mein Dankgebet und sagte den Engeln, dass mir dieser Wunsch sehr wichtig ist. Seither wird mir beim Safttrinken nicht mehr kühl oder kalt, sondern eine angenehme Wärme erfüllt meinen Körper. Der Himmel kann einfach alles, wenn wir es ihm zutrauen und es von ihm einfordern!

Kraftvolles Dankgebet: Der Super-Katalysator!

Neben der Ernährung beeinflussen noch andere Faktoren die Steinausscheidung. So zum Beispiel Bewegung an der frischen Luft: Durch sie werden die Organe massiert, mit Sauerstoff versorgt und ihre Aktivität gefördert. Um dem Körper genügend Kraft für die Leberreinigung zu lassen, hätte mein Verstand empfohlen, sich in dieser Zeit nur schonend zu bewegen, zum Beispiel spazieren zu gehen oder moderat zu walken.

Das Leben lehrte mich etwas viel Besseres: Nur zwei Tage nachdem ich mich beim Ski-Langlaufen bis zur Erschöpfung verausgabt hatte, schrieb ich in mein Tagebuch eine der höchsten Zahlen an ausgeschiedenen Steinen: über 500 Stück an diesem Tag, von beachtlicher Größe, verteilt auf vier Toilettengänge. Mein Verstand hätte das nicht für möglich gehalten, hätte er es nicht selbst miterlebt! Zu sehr eingeprägt hatte sich mir bei den vielen Leberkuren meines Mannes, wie wichtig körperliche Ruhe war, damit die Steine herauskamen. Immer wieder schaute ich meine Tagebuch-Aufzeichnungen durch, überprüfte sie und wunderte mich über dieses Ergebnis – bis ich den entscheidenden Hinweis in der Bemerkungs-Spalte fand. Hier las ich des Rätsels Lösung:

„In den Tagen zuvor und heute betete ich voller Freude und Intensität: ‚**Danke für gigantische Christus-Reinigungskraft!**' Dabei hielt ich meine Hand segnend zuerst über mein Getränk und dann über meinen Kopf."

Auszug aus meinem Tagebuch

Jetzt verstand ich, woher mein Körper die Kraft zur Ausscheidung von so vielen und großen Steinen trotz meiner körperlichen Verausgabung hatte: von Christus! Gott hatte mir damit gezeigt, zu was er fähig ist, wenn wir ihm im Vorfeld die Wunder in uns zutrauen: mit riesiger Vorfreude im Herzen, das kindlich demütig einfach glauben kann, ohne zu fragen, wie das denn gehen soll.

Wenn du, liebe Leserin, lieber Leser, eine große Vorfreude auf deine sauberen Organe empfindest und Gott im Voraus für deren Reinheit dankst, hebst du das Energieniveau in deinen Körperzellen stark an. Damit verleihst du ihnen besondere Kraft zur Reinigung.

Nachdem mir dieser Zusammenhang bewusst geworden war, suchte ich in meinem Tagebuch nach weiteren „steinreichen" Tagen und fand tatsächlich auch bei diesen besonderen Stein-Ereignissen Hinweise auf kraftvolle Gebete, zum Beispiel:

„Als ich heute Morgen **für Super-Reinigungskraft des Smoothies dankte**, bekam ich den Impuls, zwei Zitronen auszupressen (statt wie bisher nur eine Zitrone) und diese zum Smoothie zu geben."
Auszug aus meinem Tagebuch

Das Ergebnis war eindrucksvoll durchputzend: Während in den Tagen zuvor keine oder wenige Steine (15 bis 40 Stück pro Tag) meinen Körper verlassen hatten, erschienen nach diesem Gebet und mit meinem neuen Smoothie-Rezept, das ich von da an drei Tage lang beibehielt, im Stuhl pro Tag über 500, fast 400 und 580 Steine in beachtlicher Größe. Danach stellte ich mein Rezept wieder auf eine Zitrone um und vergaß zu beten, worauf sich die Steinausscheidung in den folgenden Tagen wieder auf die niedrigen Werte von zuvor reduzierte.

Ein weiterer Steinsegen von 350 Lebersteinen an einem einzigen Tag ereignete sich, nachdem ich in den Tagen zuvor immer wieder gebetet hatte:

**Danke, dass sich meine Leber besonders effektiv reinigt.
Danke, dass alle Menschen gereinigt und geheilt sind!**

Gerne bete ich für das Wohl aller Menschen mit, weil es die Kraft des Gebets um ein Vielfaches steigert. In Band 2 und 3 dieser Reihe gehe ich näher auf diesen interessanten Effekt ein.

Dieses kraftvolle Gebet lässt sich natürlich nicht nur für die Reinheit der Leber, sondern auch für andere Organe wie zum Beispiel den Darm einsetzen. So durfte ich erleben, dass mein Körper seine Reinigungskraft umlenkte, nachdem ich wiederholt folgendes Gebet gesprochen hatte:

Danke für meinen sauberen Darm.
Danke für die Reinheit aller Därme!

Nun schied ich mehrere Tage kaum mehr Lebersteine aus; stattdessen erschienen plötzlich im lockeren Stuhl der Früchtenahrung größere, harte, verkleisterte Stuhlreste, die sich im Darm abgelagert hatten, als ich noch Kochkost, speziell viele Bäckereiwaren und Nudeln, gegessen hatte.

Der Gesundheitsarzt Dr. Norman Walker schreibt in seinem Buch „Auch Sie können wieder jünger werden", dass durch Nahrung, die kein Leben enthält (Brot, Getreide, Kuchen und andere Kochkost), der Darm nicht mehr die Kraft hat, sich zu reinigen, und Schlacken ansammelt, die sich an die Darmwände anlagern und dort über Jahrzehnte dicke, verkrustete Schichten bilden; diese behindern die Nährstoffaufnahme, verursachen Krankheiten und lassen den Körper altern.

Als ich mir Dr. Walkers oben genanntes Buch herholte, um daraus zu zitieren, schlug sich von selbst eine Seite (S. 96) auf und mein Blick fiel auf einen Satz, den ich in einem fachlichen Buch nicht erwartet hatte:

„Danken Sie Gott,
dass Sie sich heute entschlossen haben, jünger zu werden!"

Mein zweiter Blick fiel auf die Worte, die darüber standen: „Werden sie nicht alt – tun Sie etwas dagegen. Trinken Sie frische Gemüsesäfte. Spülen Sie die Schlacken aus Ihrem Körper."

Wie der Autor schreibt, standen all diese Worte (einschließlich der Aufforderung, Gott zu danken) auf einem Schild im Schaufenster eines Reformhauses. Der Geschäftsführer ernährte sich selbst nur von roher Nahrung und trank frische Gemüse- und Fruchtsäfte. Er war trotz seines hohen Alters gesund, energievoll und sah deutlich jünger aus, als er war.

Laut Dr. Walker sind rohes Gemüse, frische Salate, rohe Früchte und die daraus frisch zubereiteten rohen Säfte die beste Nahrung für den Menschen, da sie reinigt, verjüngt und gesund erhält; ernähren wir uns täglich von dieser *lebendigen, lebensspendenden Nahrung*, kann die Leber ihre wichtigen Aufgaben normal erfüllen. Dagegen überlasten gekochte, leblose Nahrung und eiweißreiche tierische Kost die Leber, stören ihre Funktion und hinterlassen in den Gallenwegen gesundheitsschädliche Schlacken, erklärt der Ernährungsforscher und Arzt Dr. Walker.

Zwei Vital-Geschenke des Himmels für dich

Die Reformhaus-Schild-Geschichte in Dr. Walkers Buch gefällt mir sehr, da sie zwei wichtige Gesundheits-Aspekte vereint:

✡ das Handeln im Physischen:
den Körper durch gesunde Nahrung reinigen

✡ das Handeln im Geistigen:
die Hilfe des Himmels durch Dankgebete hinzuholen

Viele Mediziner und Ernährungsfachleute richten ihr Augenmerk nur auf den physischen Körper und lassen das Geistige außer Acht. Zahlreiche Geistheiler wenden nur geistige Methoden an und schenken der gesunden Ernährung keine Beachtung. Für mich gehört beides untrennbar zusammen: die Gesundheitsvorsorge auf der physischen Ebene durch *reinigende Lebensmittel* und das *demütige Dankgebet*, das uns im Feinstofflichen reinigt. Sie beide sind Geschenke Gottes, die uns den Himmel auf die Erde holen!

Vegane Rohköstler essen Christusenergie

Rohes Obst und Gemüse ist deshalb *lebensspendend*, weil es die Energie der Sonne aufgenommen hat und ein Träger des Sonnenlichtes ist. Ich sehe die Sonne am Himmel als eine Manifestation des Christus an, die mit ihren Sonnenstrahlen die Christuskraft und Christusliebe auf die Erde bringt. Essen wir sonnengereifte Pflanzenteile, nehmen wir reinigende, heilende, nährende Christusenergie in uns auf, die sich positiv auf all unsere Organe, auf den gesamten physischen und feinstofflichen Körper auswirkt.

Damit erkläre ich mir die besondere Fitness der Menschen, die sich seit längerem nur von rohem Obst und rohem Gemüse ernähren. Während ich früher oft müde war, genieße ich heute dankbar ein hohes Energieniveau und eine gute Konzentrationsfähigkeit den ganzen Tag lang. Spätabends gehe ich schon seit einiger Zeit nicht mehr aus Müdigkeit ins Bett, sondern aus Vernunft. Meist liege ich erst einmal voller Energie hellwach im Bett und frage mich, was ich hier eigentlich tue oder ob ich nicht doch noch weiterarbeiten sollte. In der Regel entscheide ich mich dazu, im Bett zu bleiben und dafür im Voraus zu danken, dass „ich schon eingeschlafen bin". Das hilft jedes Mal zuverlässig innerhalb weniger Minuten.

Alles hängt von Gottes Gnade ab

Vor guten fünf Wochen geschah etwas, das bei mir nur noch selten vorkommt: Ich war untertags müde und unkonzentriert. Weil ich einen neuen Text für dieses Buch, den ich am Vortag geschrieben hatte, in diesem Zustand nicht ordentlich Korrektur lesen konnte, suchte ich Hilfe bei Gott: „Sag mal, lieber Gott, was ist denn heute mit mir los? Das war ja schon lange nicht mehr so! Warum bin ich heute nur so müde, wo ich doch so gesund lebe?"

Gottes erklärende Antwort kam sofort: „Mein geliebtes Kind, erinnerst du dich an deine Gedanken in den letzten Tagen, wenn dir andere Menschen erzählt haben, wie müde sie sind?" Ich dachte etwas nach, kam aber nicht gleich drauf, was Gott meinte. Da mischte er sich in meine Gedanken ein: „Du hast dir jedes Mal gedacht: ‚Wenn sie sich auch so gesund ernähren würden wie ich, wären sie nicht so oft müde!' Erinnerst du dich jetzt?"

„Ja, das stimmt, so war das", gab ich Gott recht und er fuhr fort: „Liebes Kind, die Müdigkeit, die du gerade erlebst, musste ich dir schicken, um dich wieder einmal in die Demut zurückzuholen. Sie soll dir zeigen, dass Fitness nicht automatisch durch gesunde Lebensführung kommt, sondern allein durch meine Gnade. Mache nicht die Rohkost zu deinem Gott! Ich bin dein Gott, der dir Wohlergehen schenkt! Rohkost, Bewegung und frische Luft sind nur fördernde Faktoren, aber keine Garanten! Alles hängt von meiner Gnade ab!"

Nun wurde es still in mir. Während ich über Gottes Worte nachdachte, kam mir der rettende Gedanke: „Lieber Gott, wenn alles nur von deiner Gnade abhängt, dann danke ich dir jetzt, dass ich durch deine Gnade schon wieder fit bin und mich bestens konzentrieren kann. Schließlich arbeite ich ja für dich und das Wohl deiner Geschöpfe! Danke für deine Hilfe!" Es dauerte keine Minute, bis die große Müdigkeit und Konzentrationsschwäche völlig verschwunden waren und mein gewohntes hohes Energieniveau und mein klarer Kopf zurückkehrten. Während ich nun dankbar und froh über mein neues Wohlbefinden war, fiel mir ein ähnliches Erlebnis ein, das mir Gott Monate zuvor geschenkt hatte:

Damals saß ich in meinem Büro und arbeitete an diesem Buch, als ich einen Nachbarn wiederholt husten hörte. Dieses Husten ließ meine Gedanken abschweifen in eine frühere Zeit, in der ich jedes Jahr selbst einen belastenden Husten hatte, der manchmal monatelang nicht aufhören wollte. Wie froh war ich, dass ich seit meiner neuen gesunden Lebensweise davon erlöst war. „Würde der hustende Nachbar sich genauso gesund ernähren wie ich, hätte er diesen plagenden Husten nicht", waren damals meine Gedanken.

Zwei Tage später – meinen Nachbarn hörte ich immer noch husten – hatte ich plötzlich wie aus heiterem Himmel ebenfalls den gleichen Husten wie mein Nachbar, obwohl ich ihm nicht über den Weg gelaufen war. Nun husteten wir im Duett. Ich wunderte mich sehr darüber, hatte ich doch in den letzten Jahren keinen Husten mehr gehabt, was ich auf meine gesunde Lebensweise zurückführte.

Und nun dieser Husten! Nachdem er trotz meiner Dankgebete für Heilung tagelang hartnäckig blieb, wandte ich mich hilfesuchend an den Himmel: „Liebe Engel, warum habe ich plötzlich diesen lästigen Husten und wie werde ich ihn wieder los. Warum funktionieren meine Dankgebete in diesem Fall nicht?" Sofort hörte ich mehrere liebevolle Stimmen in mir antworten: „Du hast diesen Husten bekommen, weil wir deine Demut retten mussten. Wir wünschen uns, dass du deine Gedanken änderst! Erkenne, dass es Gottes Gnade ist, wenn du gesund bist. Die gesunde Ernährung allein kann dich nicht gesund erhalten. Es ist Gott, der dir diese Gnade schenkt!"

Diese Erklärung meiner Engel leuchtete mir ein. Selbst wäre ich darauf nicht gekommen. „Und was soll ich jetzt machen, damit ich wieder gesund werde?", war meine nächste brennende Frage, die meine lieben Engel sofort beantworteten: „Bete dafür. Danke Gott im Voraus, dass dein Nachbar und du wieder ganz gesund seid. Und beziehe gleich alle Menschen, die unter Husten leiden, mit ein. Danke für die Gesundheit aller Menschen."

Das tat ich doch gleich, schließlich wollte ich, dass niemand mehr unter solch einem Husten litt. Zwei Tage später stellte ich fest, dass ich schon länger nicht mehr gehustet hatte. Auch mein Nachbar hustete nicht mehr. Das Gebet, das mir meine Engel vorgeschlagen hatten, war erhört worden.

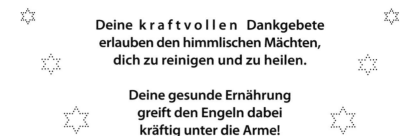

**Deine k r a f t v o l l e n Dankgebete
erlauben den himmlischen Mächten,
dich zu reinigen und zu heilen.**

**Deine gesunde Ernährung
greift den Engeln dabei
kräftig unter die Arme!**

*Danke für
die Reinheit
und die Gesundheit
aller Menschen und Wesen.*

*Danke, dass alle rein,
heil und gesund
sind.*

Die Kraft zum „Unschaffbaren"

Wenn du dich auf Gottes Hilfe vertrauensvoll einlässt, dann wird es in deinem Leben eines bald nicht mehr geben: den Glauben daran, dass etwas nicht geht. Der Werbespruch „Geht nicht, gibt's nicht!" ist auch Gottes Motto für dich und alle deine Angelegenheiten. Das tiefe Vertrauen, dass die Worte „Mit Gott geht alles!" wahr sind, schenkt dir die Demut. Diese göttliche Eigenschaft gibt dir die Kraft zum „Unschaffbaren", zum absolut „Unrealistischen". Denn du weißt, dass nur die Liebe real ist, und Gott, das Wesen der Liebe, kann für dich alles real werden lassen, was deinem höchsten Wohl dient.

Ja, der Herr ist unser Retter,
ihm gehorchen alle Mächte,
er ist unser heiliger Gott.
Jesaja 47,4

Die ganze Macht des Himmels – für dich!

Stehst du gerade vor einem Problem, das unlösbar erscheint? Hast du die feste Absicht, ein „unrealistisches" Ziel zu erreichen? Willst du dir oder anderen bessere Lebensbedingungen schaffen, ohne einen Weg dafür zu sehen? Brauchst du, einfach gesagt, ein Wunder?

Dann nutze die ganze Macht des Himmels für dein Vorhaben: Mache den göttlichen Meister Jesus Christus zu deinem Projektpartner. Er kann dir helfen, alle Zweifel zu überwinden, ob das

Wunder auch wirklich eintreten wird. Er selbst macht uns Mut mit den Worten:

*Um was ihr auch bittet – glaubt fest,
dass ihr es schon bekommen habt,
und Gott wird es euch geben!*
Markus 11,24

Das Wunder wird eintreten, wenn du fest glaubst, dass es schon eingetreten ist! Und du schaffst es, fest daran zu glauben, wenn du dich für die Christuskraft öffnest! Dein Bruder und Freund Jesus Christus ist diesen Vertrauensschritt vor dir gegangen und er begleitet dich auf deinem Weg, wenn du es willst. Du kannst ihm *zuallererst* dafür danken, dass er dich in seine liebevolle, starke Energie einhüllt. Danke ihm dafür, dass er sein unerschütterliches Gottvertrauen und seinen tiefen Seelenfrieden auf dich überträgt, zum Beispiel mit den Worten:

**Jesus Christus, mein geliebter Meister,
hülle mich in deine heilige Friedensenergie ein.
Übertrage auf mich dein unerschütterliches
Gottvertrauen.
Öffne mich für die Christuskraft,
damit sie mein ganzes Wesen durchdringt.
Ich danke dir von Herzen dafür.**

Dieses Gebet kannst du durch ein wohltuendes inneres Bild verstärken: Stelle dir vor, dass Jesus vor dir erscheint und dich liebevoll umarmt. In seiner Umarmung tankst du auf. Spüre, wie aus seinem Herzen ein warmer Strahl der Liebe austritt und dein eigenes Herz berührt und öffnet. Genieße jetzt, wie Jesus dir seine Hand behutsam auf deinen Kopf legt, um göttliche goldene Christusenergie in dich einfließen zu lassen. Ein tiefer Frieden macht sich in dir und um dich herum breit. Du weißt, dass im Äußeren alles gut wird, weil Gott im Geistigen schon eine wundervolle Lösung geschaffen hat – wie auch immer sie aussehen mag. Du fühlst dich geborgen in Gottes Liebe und kannst dich auf seine weise Führung verlassen.

Wenn du durch diesen ersten Schritt dein ganzes Sein in Gottes Gegenwart gebracht hast, dann gehe nun den *zweiten Schritt*: Bringe dein Anliegen im Gebet vor Gott. Dein Gebet ist besonders kraftvoll, wenn du dir vorstellst, dass du mit Jesus gemeinsam für dein Anliegen betest. Du kannst auch die Engel Gottes rufen, damit sie dich im Gebet unterstützen. Visualisiere dazu um dich herum einen oder mehrere Kreise von mächtigen Engeln, die mit dir beten und die positive Energie deines Gebets verstärken. Beende dein Gebet zum Beispiel mit den Worten:

Höchster Gott, in deine Hände lege ich meinen Wunsch. Ich weiß, dass dir alles möglich ist. Erfülle ihn nach deinem Willen zum höchsten Wohl von allen. Danke!

Diese demütige Art zu beten hilft dir, deinen Wunsch vertrauensvoll Gott zu übergeben und das Gewünschte loszulassen. Es ist wichtig, dass du deine Gedanken und Hände von deinem Wunsch jetzt erst einmal wegnimmst, damit Gott seine genialen Gedanken verwirklichen und seine liebevollen Hände anlegen kann, um für dein Glück zu arbeiten. Falls Gott dazu deine Mithilfe braucht, wird er sich bei dir melden und dich zu den richtigen Schritten anleiten.

Das Loslassen des Gewünschten schenkt doppelte Freiheit: Zum einen befreit es dich selbst, da deine Gedanken nicht mehr sorgenvoll oder ängstlich um dein Anliegen kreisen. So kannst du dich nun voller Vertrauen, dass das Beste für alle geschehen wird, erleichtert anderen Dingen zuwenden. Genieße dieses befreiende Gefühl! Zum anderen schenkst du damit Gott die Freiheit, seinen Willen geschehen zu lassen. Und sein Wille für dich ist, dass du glücklich bist!

Indem du für das höchste Wohl von allen betest, beziehst du deine Mitwelt bewusst in dein kommendes Glück mit ein, was dein eigenes Glück noch um ein Vielfaches verstärkt.

Im dritten Schritt freust du dich im Voraus über das große Glück, das nun in dein Leben kommen wird. Gehe dazu einfach in das Gefühl der Freude hinein, ohne dir darüber Gedanken zu machen, was auf welchem Wege geschehen könnte. Versteife dich nicht auf Details. Das „Was" und „Wie" sind Gottes Aufgabe. Deine Aufgabe besteht jetzt lediglich darin, freudig zu sein. Deine positiven Gefühle wirken wie ein starker Magnet, der das Gewünschte oder etwas Besseres in dein Leben zieht. Lasse dein Herz deshalb jetzt schon jubilieren.

Jesus Christus spricht:
*... euer Herz soll sich freuen,
und eure Freude soll niemand von euch nehmen.*
Das Evangelium des vollkommenen Lebens, 74. Kapitel, 8

Mache dir keine Sorgen, falls nach deinem Gebet lange Zeit nichts geschieht. Freue dich stattdessen besonders, denn wie an mehreren Beispielen in diesem Buch beschrieben ist, habe ich immer wieder die Erfahrung gemacht:

**Je länger wir auf die Antwort
des Himmels warten müssen,
umso größer ist das Wunder,
das Gott gerade für uns vorbereitet.**

Wiederhole dein Gebet einfach solange – auch wenn es Monate oder Jahre dauern sollte – bis das Wunder eintritt. Oft werde ich gefragt, wie das wiederholte hartnäckige Beten mit dem Loslassen des Gewünschten zusammenpasst. Diese Frage lässt sich ganz einfach beantworten: Lasse zwischen deinen vertrauensvollen Gebeten dein Anliegen ganz los: Gib es an Gott ab, lege es in deiner Vorstellung in seine gütigen Hände, und denke dann möglichst nicht mehr daran – bis zum nächsten Gebet. Du kannst Gott auch um Hilfe bitten oder ihm im Voraus dafür danken, dass dir das Loslassen in deinen Gebetspausen ganz leicht fällt.

Die nächste Frage, die mir oft gestellt wird, heißt: „Wie lange sollen diese Gebetspausen sein, oder anders gesagt, wie oft muss ich für etwas beten, damit es erfüllt wird?" Gehe einfach nach deinem Gefühl. Es ist gut, regelmäßig für ein Anliegen zu beten, also zum Beispiel einmal täglich. Aber mache dir keinen Zwang daraus. Wichtig ist, dass du dich dabei wohl fühlst und mit dem Herzen dabei bist. Deine Gebete dienen dazu, die Energie deines Vertrauens zu halten bzw. dich immer wieder ins Vertrauen zu holen. Lebst du sowieso im Vertrauen, kann bereits ein einziges von Herzen gesprochenes Gebet zum gewünschten Ergebnis führen. Dabei muss dein Gebet nicht einmal Worte haben.

Das wortlose Gebet

Ich bete gerne mit vielen Worten, vielleicht weil ich als ehemalige Fachjournalistin und Redakteurin, als Lektorin, Schriftstellerin und Vortragsreferentin die schöne Sprache liebe. Aber es passiert auch mir, dass mir so manches Mal die Worte einfach fehlen; wie beruhigend ist es dabei zu wissen: Gott weiß sowieso, was wir Menschen sagen wollen, noch bevor wir es aussprechen; in diesen Momenten genieße ich das wortlose Gebet.

Ja, ich stelle immer wieder fest, dass es richtig Spaß macht, sich Gott auch wortlos in Gefühlen mitzuteilen. Voller Inbrunst sende ich dabei in den Himmel ...

... einen Schwall meiner Liebe, die ich für Gott, für meine geistigen Freunde und für Gottes Schöpfung empfinde;

... einen Schwall meines Sehnens nach göttlicher Zuwendung, Fürsorge und Hilfe;

... einen Schwall meiner Freude, dass es Gott gibt und er uns inniglich liebt;

... einen Schwall meines demütigen Danks, dass Gott, der Mächtigste der Welt, für jeden von uns immer da ist.

Demütiges Vertrauen ist ständiges Gebet

Wären wir Menschen ständig im tiefen Vertrauen zu Mutter-Vater-Gott, unseren göttlichen Eltern, zu ihrer Liebe und Fürsorge für uns, brauchten wir nicht mehr zu beten. Dann wären wir immer in den göttlichen Emotionen der reinen Liebe, der Vorfreude im Vertrauen in das Gute, der himmlischen Freude und Dankbarkeit. Alles, was wir für unser Glück benötigen, würde uns dadurch von selbst einfach so zuströmen.

Doch die Gefühlswelt in uns Menschen sieht oft anders aus, weil wir hier auf der Erde mit zahlreichen Herausforderungen konfrontiert sind. Auch die höchst entwickelte Seele mit den besten Absichten kann in Angst und Sorge abrutschen, oder in Ärger und Wut geraten, vielleicht auch Neid und Eifersucht empfinden, aus dem unrichtigen Denken heraus, dass nicht genügend für alle da wäre.

Das Beten und die Meditation, das heißt die Konzentration auf das Göttliche in uns und über uns, holen unsere Gefühle immer wieder aus dieser niederdrückenden Dunkelheit heraus und heben sie empor in die himmlische Gefühlswelt der göttlichen Liebe, des demütigen Vertrauens und der dankbaren Freude – die beste Voraussetzung, damit unsere Wünsche wahr werden.

Ein besonderer Grund zur Freude

Ganz besonders freuen darfst du dich, falls Gott deinen Wunsch nicht erfüllt! Da auf Gott hundertprozentig Verlass ist und er dein demütiges Gebet immer erhört, kannst du sicher sein: Gott bereitet gerade etwas viel Besseres – ja das Allerbeste – für dich vor, das er zum richtigen Zeitpunkt in dein Leben bringen wird.

Wenn Gott aber genau deinen Wunsch als Antwort auf dein demütiges Gebet erfüllt, dann weißt du, dass dein Wunsch auch sein Wunsch für dich und alle Beteiligten ist und somit dein erfüllter Wunsch für alle das höchste Glück bedeutet. Dies zu wissen, wird dich besonders glücklich machen.

Lasse es deshalb am besten ganz offen, wie, wann und in welcher Form das Gewünschte oder etwas Besseres auf dich zukommen wird. Überlasse all dies Gott und seiner weisen Führung, seinem göttlichen Management. Gott stellt dir eine unvorstellbar große Zahl an himmlischen Helfern zur Seite, die bereits begonnen haben, in deiner Angelegenheit machtvoll, tatkräftig und glückbringend für dich und für diejenigen, für die du betest, zu arbeiten.

Das vertrauensvolle Loslassen, das demütige Offenlassen, Gottes Wege zulassen, damit er das wirklich Beste für dich und deine Mitmenschen erschaffen kann, birgt etwas sehr Entspannendes und Beruhigendes in sich. Aus dieser inneren Ruhe gewinnst du die Kraft zum Einsatz für das Gute. Gerade wenn sich dir dabei im Äußeren große Widerstände in den Weg stellen, ist es entscheidend, dass du im Beten und im äußeren Bemühen für dein Ziel standhaft bleibst. Die Kraft und Ausdauer dafür kann dir Gott schenken, um das „Unmögliche" gelingen zu lassen, wie Veras Erlebnis zeigt:

Wie ein Totgeschwiegener zum Leben erweckt wurde

Vera, eine junge Frau, durfte erleben, wie ein jahrzehntelanger, trauriger Zustand sich durch die Hilfe des Himmels in ein Fest der Freude verwandelte. Sie erzählt selbst ihre berührende Geschichte:

Damals steckten Martin und ich mitten in den Hochzeitsvorbereitungen. Wir planten unser großes Fest über ein Jahr lang. Mit viel Liebe suchten wir uns eine schöne Kirche in einer romantischen Umgebung aus, organisierten ein abwechslungsreiches Programm und luden die Gäste ein. Doch dabei gab es ein großes Problem: Mein Onkel Thomas, einer der Gäste, war bis zu diesem Zeitpunkt in meiner Familie totgeschwiegen, obwohl jeder wusste, dass es ihn gab. Er war vor mehreren Jahrzehnten bei einem Seitensprung meines Großvaters entstanden, was meine Großmutter verständlicherweise sehr verletzte, als sie viele Jahre später dahinterkam. Sie wollte Thomas niemals sehen und verlangte, dass Thomas totgeschwiegen wurde. Keiner aus unserer Familie sollte von ihm erfahren oder mit ihm Kontakt haben; schon gar nicht durfte Thomas bei unseren Familientreffen erscheinen.

Jahrzehntelang hielt dieser Zustand bereits an, als mein Großvater meinem Vater eines Tages heimlich verriet, dass er einen Halbbruder namens Thomas habe, der bereits ebenfalls schon erwachsen sei. Natürlich wollte mein Vater seinen Bruder sofort kennen lernen und nahm ohne das Wissen meiner Großmutter Kontakt mit Thomas auf. Beide freundeten sich an und verbrachten nun viel Freizeit miteinander.

Ich lernte Thomas in meiner Jugendzeit als meinen Sporttrainer kennen, ohne zu wissen, dass er mein Onkel ist. Weil er ein sehr liebenswerter Mensch ist, schloss ich ihn sofort ins Herz. Als mein Vater mir eines Tages das Geheimnis lüftete, dass Thomas mein Onkel sei, erkor ich ihn zu meinem Lieblingsverwandten. Deshalb wollte ich ihn Jahre später bei meiner Hochzeit unbedingt dabei haben, auch wenn ich meine Großmutter verstehen konnte. Auf Wunsch meines Vaters hatte ich bisher meiner Großmutter den Kontakt zu Thomas verschwiegen, was ich jetzt gegen den Willen meines Vaters ändern wollte. In meinem Herzen wusste ich, dass die Zeit dafür reif war.

Als Martin, mein zukünftiger Mann, und ich die schriftlichen Einladungen zu unserer Hochzeitsfeier verteilten, luden wir Thomas samt seiner Frau und seinen Kindern offiziell ein. Meine Großmutter und mein Vater, der Angst vor der Reaktion meiner Großmutter hatte, protestierten beide vehement dagegen und verlangten, dass Thomas und seine Familie wieder ausgeladen würden. Meine Großeltern drohten, ansonsten nicht zu unserer Hochzeit zu kommen. Ich sagte ihnen, dass ich dies bedauern würde, dass ich jedoch keinesfalls bereit sei, Thomas und seine Familie auszuladen.

Martin half mir, standhaft zu bleiben, als mein Vater nun begann, mich mehrere Monate lang massiv unter Druck zu setzen. Die Kosten der Hochzeit wollte mein Vater nur tragen, wenn er bestimmen dürfte, wie dabei alles abliefe und wer eingeladen würde. Thomas, dessen Frau und dessen Kinder hätten dann auf jeden Fall nicht zu den Hochzeitsgästen gezählt. Weil Martin und ich über unsere Hochzeit selbst entscheiden wollten, übernahmen wir die hohen Kosten selbst und gaben dafür unsere ganzen Ersparnisse aus. Wir wollten Thomas damit zeigen, wie wertvoll er für uns ist.

Für mich erschwerend kam allerdings hinzu, dass ich eine Angestellte in der Firma meines Vaters war. Weil Martin damals noch eine Ausbildung machte, brauchte ich mein Gehalt dringend, um unseren Lebensunterhalt und die Miete für unsere kleine Wohnung zu bezahlen. An manchen Tagen behielt mich mein Vater bis zu drei Stunden nach Dienstschluss in der Firma und versuchte durch heftiges Auf-mich-Einreden mich dazu zu bewegen, meinen Onkel wieder auszuladen. Auch wenn ich nach solchen „Gesprächen" mit Tränen in den Augen die Firma verließ, konnte mein Vater mich nicht umstimmen. Dazu mochte ich Thomas und seine Familie viel zu sehr.

Nachdem mein Vater bei mir keinen Erfolg sah, versuchte er auf meinen Onkel Thomas einzuwirken, nicht zu meiner Hochzeit zu kommen. Mein Onkel war inzwischen seit längerem in der Firma meines Vaters angestellt und ernährte mit seinem Gehalt seine Familie. Weil Thomas der Frieden mit meinem Vater wichtig war und er mir keinen Ärger verursachen wollte, sagte er mir kurz vor meiner Hochzeit, dass er meine Einladung nicht annehmen wolle. Dies machte mich sehr traurig und ich bat ihn eindringlich, doch zu kommen – samt seiner Familie.

In diesen Monaten betete ich mit meinem zukünftigen Mann Martin immer wieder, dass Gott uns helfen möge. Wir baten Gott darum, dass er meiner Großmutter die innere Größe gebe, Thomas als ihren Sohn anzunehmen, falls es auch Gottes Wille und das Beste für alle sei. Wir versuchten, uns dies freudig vorzustellen, auch wenn die äußeren Umstände zu diesem Zeitpunkt ganz anders aussahen. Ehrlich gesagt verging uns allerdings oft die Freude an unseren Hochzeitsvorbereitungen, weil meine Familie uns so sehr zusetzte. Doch Gott gab uns die Kraft, voll zu Thomas zu stehen. Wir wollten unsere Hochzeit zu einem Fest des Friedens und der Versöhnung in unserer Familie werden lassen. Dies war uns ganz wichtig.

Es kam der Tag unserer Hochzeit. Alle Gäste erschienen, sowohl Thomas mit Frau und Kindern als auch mein Vater und meine Großeltern. Zwar lag eine gespannte Stimmung in der Luft, aber alle verhielten sich friedlich. Tage nach der Hochzeit machte mir meine Großmutter schwere Vorwürfe, wie ich ihr es antun konnte, Thomas einzuladen. Wieder beteten mein Mann Martin und ich um Frieden in der Familie und dafür, dass „Thomas endlich angenommen ist".

Ein knappes Jahr nach unserer Hochzeit geschah das Wunder: Mein Vater organisierte ein Familienfest, zu dem er meine Großeltern und erstmalig auch seinen Halbbruder Thomas samt dessen Familie einlud. Auf diesem Fest durfte ich miterleben, wie meine Großmutter meinem Onkel Thomas die Hand reichte und zu ihm sagte: „Wir können du zueinander sagen. Ich nehme dich als meinen Sohn an." Daraufhin umarmte sie Thomas. Mir schossen vor Dankbarkeit Freudentränen in die Augen. Bis heute erinnere ich mich mit großer Freude an diesen besonderen Augenblick. Seither gehören Thomas, seine Frau und seine Kinder offiziell zu unserer Familie und dürfen alle Feste mitfeiern.

Auch wenn es mir große Standhaftigkeit abverlangte und manche Tränen gekostet hat: Der Einsatz für die Achtung und Integration eines geliebten Menschen hat sich gelohnt! Noch mehr bewusst wurde mir dies, als Wochen später die Frau von Thomas auf mich zukam und zu mir sagte: „Du weißt gar nicht, was du Thomas Gutes getan hast. Endlich darf er da sein, darf er offiziell existieren; endlich gehört er zur Familie und muss sich nicht mehr als Unwillkommener, als Unerwünschter verstecken. Das tut ihm so gut! Danke, dass du das für Thomas getan hast."

Ich weiß, dass all dies nur möglich war, weil zum einen mich mein Mann Martin voll unterstützte und Gott uns die nötige

Nächstenliebe und Kraft dafür geschenkt hat; zum anderen konnte dieses Wunder nur geschehen, weil Gott die verschlossenen Herzen in meiner Familie geöffnet hat und besonders meiner Großmutter half, ihren Schmerz zu besiegen und innere Größe zu zeigen.

Auch meine Großmutter profitierte von der neuen Situation. Sie hatte nun zwei weitere Kinder (meinen Onkel und meine Tante) und drei neue Enkel (die Kinder meines Onkels), worüber sie sich nun endlich freuen konnte!

Und mein Vater? Das, was für ihn zunächst nach Unfrieden und Zerbrechen der Familie aussah, stellte sich nun als das Gegenteil heraus: Von nun an durfte jeder mit Thomas Kontakt pflegen, ohne Angst davor haben zu müssen, meine Großmutter damit zu kränken und zu verärgern. Die Heimlichkeiten hatten ein Ende, was dem inneren Frieden der Einzelnen diente. So hat Gott wirklich das Beste für alle herbeigeführt. Ich staune bis heute, was er bewirken kann.

Vera

Wie im privaten, zwischenmenschlichen Bereich kann Gott auch in allen anderen Lebensbereichen das „Unschaffbare" gelingen lassen. Auf welche Weise sich diese Wunder erreichen lassen, erklärte mir Gott auf kreative, anschauliche Weise:

Wie meine Waschmaschine mich die spirituelle CDF-Technik lehrte

Jedes Mal, wenn ich meine alte Waschmaschine befüllte und den Schalter auf „Feinwäsche" einstellte, las ich im Programmfenster der Maschine die Buchstaben C, D und F. **C** stand für Schleudern des Buntwaschprogramms, **D** für Vorwäsche und **F** für Hauptwäsche des Feinwaschprogramms. Eines Tages, als ich wieder diese Buchstaben las, bat ich Gott: „Kannst du mir göttliche Worte zu diesen Buchstaben eingeben? Danke." Sofort hörte ich in mir eine liebe Stimme sagen: „Christus, Demut, Freude." Diese drei Worte gefielen mir und von da ab dachte ich daran, wenn ich meine alte Waschmaschine anschaltete.

Was ich damals, als ich mit Gott dieses Wortspiel machte, noch nicht ahnte, war, dass er mir mit diesen drei Worten eine große Weisheit verriet. Denn mit den drei Schritten

1. **Christusenergie:**
mit Frieden im Herzen Gott vollkommen vertrauen

2. **Demut:**
Gott im demütigen Gebet anrufen

3. **Freude:**
mit jubelndem Herzen sich im Voraus auf das Wunder freuen

enthüllte mir Gott den sicheren Weg zum Wunder:

Schritt 1: Christusenergie
Wenn die äußeren Lebensumstände uns ins Schleudern bringen wollen, hilft die Christusenergie, im inneren Frieden zu bleiben oder wieder in den inneren Frieden zu kommen.

Schritt 2: Demut
Das demütige Gebet weicht unsere letzten Zweifel auf, ob Gott uns helfen wird, ...

Schritt 3: Freude
... und die Freude im Voraus wäscht uns von jeglichem Zweifel rein. Die Vorfreude im Herzen auf das göttlich Gute, das jetzt auf uns zukommt, reinigt unseren Energiekörper und unser ganzes Sein. Unsere nun reinen Gedanken und Gefühle verströmen einen himmlischen Duft und ziehen über das Gesetz der Anziehung himmlische Ereignisse in unser Leben. Auch die Engel Gottes lieben diesen Duft; sie fühlen sich jetzt besonders wohl an unserer Seite und freuen sich, uns dienen zu dürfen.

Mit Christusenergie, Demut und Freude zur Höchstleistung

Diese **CDF**-Technik probierte ich bereits vor vielen Jahren aus, als mir ihre Wirkungsweise noch gar nicht so bewusst war wie heute. Schon damals durfte ich damit erstaunliche Erfahrungen machen, zum Beispiel während meines Studiums:

Das Vordiplom war von den Studenten, besonders auch von mir, gefürchtet, da damals nur ein Drittel aller Studenten beim ersten Mal die Prüfungen bestand. Ich lernte viel, aber der Stoff war so umfangreich, dass es unmöglich war, alles zu beherrschen.

Deshalb rief ich Jesus Christus um Hilfe an und er half mir bei allen Prüfungen auf geniale Weise. Er gab mir die Kraft, die **CDF**-Technik anzuwenden, mit dem Ergebnis, dass ich mein Vordiplom mit der Note 1,1 und mein Hauptdiplom mit der Note 1,2 abschloss, obwohl ich kurz vor den Prüfungen zweimal umziehen musste und dadurch weniger Zeit zum Lernen hatte. Weil diese Leistungen in meinem interdisziplinären Studium an der Universität, an der ich studierte, damals außergewöhnlich waren, wurde ich in eine politisch unabhängige Stiftung für hochbegabte Studenten aufgenommen und am Ende meines Studiums im historischen Saal der Universität als Beste meines Jahrgangs geehrt.

Das passierte mir, einer durchschnittlichen Schülerin, der der Übertritt ins Gymnasium fast nicht gewährt wurde und die in der fünften und sechsten Klasse des Gymnasiums auch Fünfer und Sechser geschrieben hatte.

Liebe Leserin, lieber Leser, du darfst mir glauben, dass ich ein ganz normaler Mensch bin und diese außergewöhnlichen Leistungen, die unschaffbar erschienen, ausschließlich Gott zu verdanken hatte, indem er in mir und für mich Wunder geschehen ließ. Dasselbe kann er auch dir schenken, wenn du die CDF-Technik anwendest!

Aus der göttlichen Ruhe kommt das Wissen.

In meiner Studienzeit lernte ich neben meinem Prüfungsstoff etwas sehr Wesentliches: Um Höchstleistung zu erbringen, ist innere Ruhe wichtig. Deshalb betete ich, dass Gott mir inneren Frieden schenke, und ich stellte mir vor, wie Jesus mich an der Hand nahm und mit mir zum Prüfungssaal ging. Während meine Kommilitonen und ich vor dem Saal auf den Beginn der Prüfung warteten, lernten viele von ihnen noch etwas oder tauschten ihr Wissen aus. Ich bevorzugte es, still zu sein und meine ganze Konzentration auf Gott zu richten. Das gab mir Ruhe und Kraft, denn ich wusste, dass Gott alles weiß. Und ich vertraute darauf, dass Jesus Christus mir half, das ganze Wissen Gottes anzuzapfen. Jedes Mal, wenn ich mich vor den Prüfungen in den göttlichen Frieden begab, stieg in mir eine große Freude auf. Ich freute mich, dass die Prüfung endlich begann, damit sie vorbeigehen konnte, und ich freute mich auf Gottes Hilfe bei der Prüfung.

Während ich mich gerade wieder einmal mit einem tiefen Frieden im Herzen auf die in wenigen Minuten beginnende Prüfung freute, sagte eine Studienkollegin zu mir: „Es regt mich richtig auf, dass du nie aufgeregt bist. Wie kann man denn nur so ruhig und freudig vor einer Prüfung sein? Hast du denn gar keine Angst?" Freudig erzählte ich ihr, dass ich um Frieden bete, weil Angst mir den Zugang zum göttlichen Wissen verschließen würde. Aber sie schüttelte nur den Kopf über mich.

Als ich im Prüfungssaal saß, betete ich noch einmal kurz im Stillen um Hilfe und begann erst dann, die Aufgaben schriftlich zu beantworten. In der Regel fielen mir die Prüfungen sehr leicht, doch einmal erlebte ich es, dass ich keine der Aufgaben lösen konnte. Bereits eine Stunde saß ich an der ersten von sechs Aufgaben, ohne auf ein brauchbares Ergebnis zu kommen. Etwas verzweifelt las ich mir jetzt die weiteren fünf Aufgaben durch und stellte fest, dass ich diesmal gar nichts wusste. Ich wollte schon alles durchstreichen und abgeben, als ich den Impuls bekam, erneut zu beten. Also schob ich mein Blatt zur Seite und betete ein paar Minuten lang inbrünstig um Hilfe. Dann sah ich mir die Aufgaben noch einmal an und nun fiel es mir wie Schuppen von meinen Augen. Sofort erkannte ich, wo der Fehler lag, den ich bei der ersten Aufgabe gemacht hatte. Alle Aufgaben erschienen mir plötzlich sehr einfach und in den folgenden eineinhalb Stunden löste ich die gesamte Prüfung, für die insgesamt drei Stunden Zeit gewesen wäre, fehlerfrei. Gott schenkte mir in dieser Prüfung durch seine geniale Hilfe die Note 1,0. Ohne ihn wäre es nicht einmal eine 5,0 geworden.

Gott lenkt den Blick auf das Wesentliche.

Gott half mir nicht nur in den Prüfungen, sondern auch in der Vorbereitungszeit. Immer wieder durfte ich erfahren, dass es nicht wichtig ist, besonders viel zu können, sondern das Richtige zu wissen. Deshalb betete ich um Führung beim Lernen und dafür, dass ich mir das Wichtige merken konnte.

Gegen Ende der Abschlussprüfungen erwartete mich ein Prüfungsfach, das zwar interessant, aber unendlich umfangreich war. Da ich von anderen Kommilitonen erfahren hatte, dass sie für dieses Fach zwei Monate gelernt und trotzdem in der mündlichen Prüfung die Note 5,0 bekommen hatten, beschloss ich, meine Zeit anderen Fächern zu widmen. Für dieses Fach lernte ich genau einen Tag. Doch am Abend dieses Tages ging es mir sehr schlecht. Mich befiel große Angst, weil ich nicht wusste, wie ich die Prüfung am nächsten Tag schaffen sollte. Schließlich musste ich sie bestehen, um mein Diplom zu bekommen. Verzweifelt saß ich nachts um 21.30 Uhr in meinem Bett und betete um Hilfe, während mir die Tränen herunterliefen.

Wenige Augenblicke später kam Michael, mein damaliger Freund und heutiger Mann, ins Schlafzimmer und legte einen Ordner auf meine Beine. „Lerne diese Seite. Ich glaube, sie wird morgen drankommen!", forderte er mich auf. Erschöpft wagte ich einen Blick darauf und hielt mir gleich die Augen zu. Was da stand, kapierte ich überhaupt nicht. Es war Schalltechnik, ein

Thema, von dem ich wirklich keine Ahnung hatte. Kopfschüttelnd protestierte ich, aber Michael ließ nicht locker. Eine halbe Stunde lang blieb er hartnäckig, bis ich mich bereit erklärte, mir den Stoff von ihm erklären zu lassen. Er ließ mir keine Ruhe, bis ich die Schallkurve richtig zeichnen konnte.

Am nächsten Tag fragte mich der Prüfer genau zu dieser Seite im Skript, das mehrere Ordner umfasste! Genau diese Schallkurve sollte ich zeichnen und ich bekam in dieser Prüfung die Note 3,0. Es war eine wunderbare Fügung des Himmels, die mir mein Studium rettete.

Du erreichst dein Ziel umso besser, wenn du andere auf deinem Weg mitnimmst und ihnen hilfst, dieses Ziel ebenfalls zu erreichen.

Während meiner Studienzeit war es mir ein großes Anliegen, mein Wissen an meine Studienkollegen weiterzugeben. Alle Vorlesungsskripten, die ich bekam oder selbst schrieb, kopierte ich für das ganze Semester. In den Prüfungswochen suchten mich regelmäßig viele meiner Kollegen auf, um sich von mir den Stoff erklären zu lassen. In den Tagen vor den Prüfungen stand mein Telefon kaum still.

Wieder war so ein Tag und es stand am nächsten Tag eine Prüfung bevor, für die ich selbst noch einiges lernen wollte. Als etwa das zehnte Mal das Telefon klingelte, ging ich schon etwas genervt hin. Eine Studienkollegin, die sich sonst für mich überhaupt nicht interessierte, sondern aus Neid hinter meinem Rücken über mich schimpfte, war am anderen Ende der Leitung und bat mich, ihr ein Kapitel zu erklären. Gerade diesen Stoff wollte ich mir nicht mehr anschauen, da ich dachte, dass er am nächsten Tag nicht geprüft würde. Deshalb zögerte ich kurz, entschied mich aber dann doch, die Unterlagen herzuholen und der Anruferin den Stoff zu erklären. Dabei lernte ich ihn selbst.

Am nächsten Tag wurde genau dieses Kapitel geprüft und dank meiner zehnten Anruferin beherrschte ich ihn perfekt. Dieses Erlebnis erschien mir wie eine doppelte Prüfung: eine fachliche und eine menschliche. Gott hatte diese junge Frau, die mir eigentlich gar nicht gut gesonnen war, bewusst bei mir anrufen lassen. Er wollte mich durch sie auf den Stoff aufmerksam machen, den ich ohne sie nicht gelernt hätte.

Letztlich hat mir meine Demut im Herzen zu den Leistungen in meinem Studium verholfen. Die Einstellung „Gott weiß alles und kann mir alles sagen – im Vorfeld und in der Prüfung" brachte mir den nötigen Frieden, die nötige Freude und damit die großen Wunder.

Dein Vertrauen macht es Gott möglich, seine himmlischen Methoden anzuwenden und dir menschliche Engel zu schicken, um dich auf das Wichtige aufmerksam zu machen: nicht nur bei Prüfungen, sondern in deinem ganzen Leben!

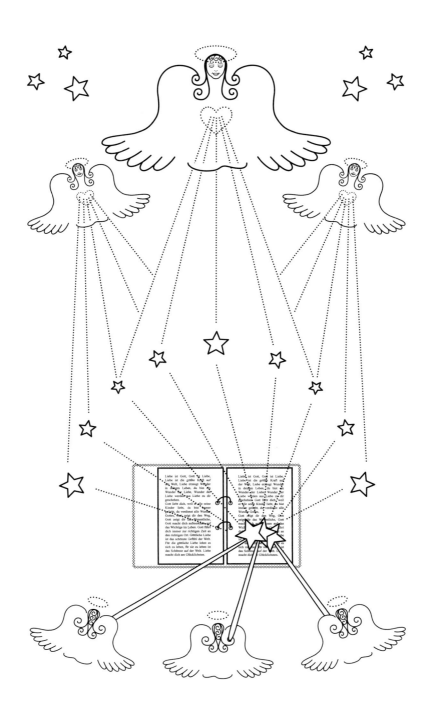

Die Macht Gottes in dir

Während du dir immer der Unterstützung unzähliger göttlicher Wesen sicher sein kannst, darfst du durch Demut im Herzen erleben, dass die ganze Macht des Himmels auch in deinem Inneren wohnt! Du kannst mit dem Göttlichen in dir Kontakt aufnehmen, indem du deine Augen schließt, deinen Blick nach innen richtest und Gott in dir anrufst. Zum Beispiel kannst du mit Hingabe folgende Worte sprechen oder denken:

> **Geliebter Gott in mir, ...**
> **... ich verehre dich und lobe dich.**
> **... danke, dass du immer in mir gegenwärtig bist.**
> **... danke, dass du in mir wundervoll wirkst.**
> **... danke, dass du durch mich wundervoll wirkst.**
> **... danke, dass du mich deine Liebe jetzt ganz deutlich spüren lässt.**

Nimm dir jetzt etwas Zeit, dich in dein Inneres mit geschlossenen Augen hineinzufühlen. Spürst du, wie in deinem Herzbereich dabei ein warmes Gefühl entsteht, das sich in Wellen über deinen Körper ausbreitet? Wenn ich mich auf diese Weise mit dem Göttlichen in mir verbinde, fühle ich mich in mir sehr wohl. Ich könnte mein Inneres umarmen und vor Freude mit ihm tanzen. Es ist ein herrliches Gefühl, zu erleben, dass wir Göttliches in uns tragen; ja, dass der gütige und allmächtige Vater-Mutter-Gott, der Schöpfer der ganzen Welt, uns so sehr liebt, dass er sich unseren Körper als seine Wohnstätte, als seinen Tempel wählt.

Immer wenn ich mir dies bewusst mache, verneige ich mich vor meinem Inneren, und natürlich auch vor dem Inneren meiner Mitmenschen, vor ihrer göttlichen Gegenwart.

Herr, du Freund des Lebens,
dein unvergänglicher Geist ist in allem.
Weisheit 11,26 und 12,1

Die göttliche Zauberformel ICH BIN

Wie können wir Menschen die Gegenwart Gottes in uns aktiv nutzen, zu unserem Wohl und zum Wohle aller? Wie können wir die Macht Gottes in unserem Inneren bewusst aktivieren? Der Himmel hat uns dafür eine sehr kraftvolle Methode geschenkt: Gott bei seinem Namen zu nennen. Aber welchen Namen hat Gott? Wie sollen wir ihn nennen? Auch Mose stellte vor langer Zeit diese Frage und Gott antwortete ihm:

Ich bin der ICH BIN.
Herr, ICH BIN, ist mein Name für alle Zeiten.
So sollen mich auch die kommenden Generationen nennen.
2. Mose 3,14.15

Die beiden machtvollen Worte ICH BIN, der Name Gottes, die Bezeichnung für das Göttliche im Menschen, sind der Schlüssel. Mit liebendem Herzen inniglich wiederholt, führen sie alles für unser Glück herbei: Gesundheit, Fülle, Frieden, Vollkommenheit. Denn sobald du dich auf die Gegenwart Gottes in dir, auf deine ICH-BIN-Gegenwart, konzentrierst und die Worte ICH BIN mit Hingabe immer wieder denkst, aussprichst oder aufschreibst, erweckst du die göttliche Kraft in dir. Mache dir bewusst, dass Gott dir damit ein großes Geschenk macht: Er ermächtigt dich, seine unbegrenzte Kraft, die uneingeschränkt in dir wohnt, nach deinen Befehlen zu lenken.

Liebe Leserin, lieber Leser, habe keine Angst vor dieser gewaltigen Macht in dir. Wenn du Gott anrufst, dass er dein Herz mit Liebe erfüllt, wirst du aus der Liebe heraus handeln. Deine Befehle, dein Wille werden dann dem Willen Gottes gleich sein. So wirst du zum bewussten Mitschöpfer Gottes, der zum Besten, zum Wohle aller wirkt. Wenn du mit diesem Bewusstsein die Worte ICH BIN regelmäßig andächtig wiederholst, trittst du ins Christusbewusstsein ein. In dir erwacht die Christuskraft. Christus tritt in dir in Aktion.

Als ich das erste Mal die Zauberformel ICH BIN ausprobierte, erlebte ich etwas, womit ich nicht gerechnet hatte. Ich hatte es mir in einem Stuhl bequem gemacht und die Augen geschlossen. Im Rhythmus meines tiefen Atems wiederholte ich nun in Gedanken inniglich die Worte ICH BIN mehrmals und wartete gespannt, ob etwas passieren würde. Tatsächlich passierte etwas! Jedes Mal, wenn ich „ICH BIN" formuliert hatte, ergänzte eine liebevolle Stimme in meinem Inneren positive, aufbauende Worte, zum Beispiel:

ICH BIN ... Christus in Aktion.
ICH BIN ... das Christuslicht, das die Welt erleuchtet.
ICH BIN ... die heilende Liebe Gottes.
ICH BIN ... der Trost, der Herzen heilt.
ICH BIN ... der Friede Gottes.
ICH BIN ... das Wunder der Liebe.
ICH BIN ... die Kraft, die Leben schenkt.
ICH BIN ... unermesslicher Reichtum.
ICH BIN ... die Freude Gottes.

Anfangs war ich sehr überrascht, dass die göttliche Stimme in mir meine ICH-BIN-Worte zu einem göttlichen Satz vervollkommnete. Ich wusste, dass dies nicht meine eigenen Gedanken waren, da ich mich ausschließlich auf die beiden Worte ICH BIN konzentrierte. Dieses himmlische Wortspiel gefiel mir von Anfang an. Es machte mir so große Freude, dass ich mir seither fast täglich die Worte ICH BIN mehrmals in Gedanken oder laut vorsage. An manchen Tagen bleibt es still in mir, wenn ich dem Hall der beiden ICH-BIN-Worte in meinem Inneren nachhöre. Und ich gebe zu, dass ich in der Anfangszeit oft überhaupt nichts spürte, wenn ich einfach nur ICH BIN, ICH BIN, ICH BIN, ICH BIN, ICH BIN, ... vor mich hin sagte. Deshalb fragte ich mich, was ich falsch machte, bis ich auf die Lösung kam: Je besser meine Stimmung ist, während ich die beiden Worte ICH BIN wiederhole, also je freudiger ich dabei bin, umso schneller und stärker spüre ich deren gute Wirkung. Am besten funktioniert es, wenn ich gerade so richtig verliebt in Gott oder meinen Partner bin. Wenn ich mit diesem Schmetterlingsgefühl im Herzen über die göttlichen Kraftworte ICH BIN meditiere, gesellt sich zur Freude in meinem Inneren ein fantastisches Gefühl, das mich ganz und gar erfüllt und das sich – wenn überhaupt – etwa mit folgenden Worten beschreiben lässt:

Alle Ängste, alle Zweifel und alles Egohafte fallen von mir ab. Sie weichen einer großen Zuversicht, dem Gefühl der übermenschlichen Stärke in mir. Ich fühle mich göttlich gut und erkenne:

ICH BIN eins mit dem Göttlichen,
mit der Liebe, die alles heilt,
mit der allmächtigen Schöpferkraft,
die alles zum Guten wenden kann.

Falls du, liebe Leserin, lieber Leser, gerne mit inneren Bildern arbeitest, dient dir auch die folgende Übung, das Einheitsgefühl mit Gott und die göttliche Kraft in dir zu erleben:

Im Herzen der Christussonne
Übung zum Aktivieren der göttlichen Kraft in deinem Inneren

Stelle dir vor, du sitzt mitten in der göttlichen Christussonne, einem großen goldenen Lichtball. In deinem Herzen befindet sich ein kleiner goldener Lichtball, dein göttlicher Wesenskern. Atme jetzt bewusst aus deinem Herzen heraus tief ein und aus, ein und aus ... Beginne nun, die Worte ICH BIN im Rhythmus deines Atems zu denken oder zu sprechen, und stelle dir vor, wie dein kleiner goldener Lichtball dabei wächst. Mit jeder Wiederholung des ICH BIN wird er größer, bis er schließlich die Größe der göttlichen Sonne erreicht hat, deren Zentrum du selbst bist. Du bist jetzt vollkommen eins mit dem Göttlichen geworden!

Wie gesagt wirken bei mir die oben genannten Methoden (Kontaktaufnahme mit dem Göttlichen in mir, Meditieren über die Worte ICH BIN, Übung „Im Herzen der Christussonne") besonders gut und schnell, wenn ich vorher bereits in einer erhobenen Stimmung bin. Aber wie können wir Menschen Freude und Liebe empfinden, wenn es leer, traurig, verzweifelt oder kalt in uns ist? Mein Inneres gab mir dazu den wirkungsvollen Tipp, die folgenden erhebenden Sätze wiederholt zu denken oder auszusprechen:

ICH BIN die Freude des Himmels.

ICH BIN die Kraft der Liebe.

Meine Erfahrung ist: Diese heiligen Worte funktionieren wirklich zuverlässig. Wenn ich in negative Stimmungen wie Depression, Schwermut, Hoffnungs- und Ausweglosigkeit, Sich-Benachteiligt-Fühlen oder Zukunftsangst hineinrutsche, was bei mir immer wieder mal vorkommt, hole ich mir diese beiden Sätze im Geiste her. Um ihre Qualität genau zu spüren, fühle ich mich gerne nacheinander in sie hinein. Und jedes Mal erlebe ich es, dass schon nach wenigen Wiederholungen der Worte „ICH BIN die Freude des Himmels" alles Bedrückende von mir weicht und es um mein Herz leicht wird. Je länger ich diesen himmlischen Satz mit Hingabe denke, umso beschwingter fühle ich mich; ja, irgendwann wird das Gefühl so stark, dass es mir vorkommt, als ob mein Inneres vor Glück hüpft und lacht. Dabei stelle ich immer wieder fest: Diese Gefühlswandlung kann ich nicht erzwingen. Sie ist ein Geschenk des Göttlichen in uns, das automatisch kommt, wenn wir uns ihm hingeben, es einfach fließen und geschehen lassen.

Mit großem Genuss widme ich mich anschließend dem zweiten Satz: „ICH BIN die Kraft der Liebe." Fühlte ich mich kurz zuvor noch schlapp, kraft- und machtlos, gesellt sich jetzt zur göttlichen Freude in meinem Herzen eine phänomenal liebevolle Kraft, die meinen ganzen Körper erfüllt. Zunächst beginnt es in den Zehenspitzen, in den Beinen, überall angenehm zu kribbeln; je länger ich über diesen Satz meditiere, umso stärker wird dieses warme Kraftgefühl, bis mein ganzer Körper innerlich durch die starke Schwingung der Liebe herrlich vibriert.

Diese beiden ICH-BIN-Sätze sind mir eine große Hilfe, um leichter in die fantastische Energie des mächtigen ICH BIN hineinzufinden, das alle göttlichen Aspekte enthält und die Ganzheit des göttlichen Seins umfasst.

Liebe Leserin, lieber Leser, diese beiden ICH-BIN-Sätze können auch deine Stimmung und Schwingung wirkungsvoll anheben, wenn du dich ihrer bedienst. Du wirst zur Freude des Himmels, zur Kraft der Liebe! Zum einen freut sich der Himmel über dich, weil du dich dadurch bewusst mit Gott und seiner Macht verbindest. Zum anderen darfst du erleben, wie eine himmlische Freude in dir aufkommt und die Kraft der Liebe dein Herz erwärmt und dich liebe- und kraftvoll werden lässt. Der Himmel lädt dich ein, es gleich einmal auszuprobieren und im Anschluss in die beglückende Energie der Kraftworte ICH BIN einzutauchen.

Die Schöpfungsmacht des ICH BIN

Die Worte ICH BIN bezeichnen wie bereits erwähnt das Göttliche im Menschen. Kurz gesagt: ICH BIN heißt GOTT IN MIR bzw. GOTT IN DIR.

Weil die beiden Worte ICH BIN deine göttliche Natur erwecken, besitzen sie eine große schöpferische Kraft. Gott schenkt dir damit ein mächtiges Mittel, dir das zu erschaffen, was du dir wünschst. Alles, was du diesen beiden Worten hinzufügst, beginnt sich in deinem Leben zu verwirklichen – und falls es schon da ist, wird es sich noch verstärken. Jeder einzelne ICH-BIN-Satz, den du denkst, sagst oder schreibst, wirkt sich unweigerlich auf dein Leben aus! Deshalb ist es wichtig, diese beiden Worte nur mit etwas zu verbinden, das dir und anderen dient, zum Beispiel:

ICH BIN (GOTT IN MIR ist) ...
... gelassen, gerecht, friedlich, reich, glückselig.

ICH BIN (GOTT IN MIR ist) ...
... Gelassenheit, Gerechtigkeit, Frieden, Reichtum, Glückseligkeit.

Wenn du dir der immensen Schöpfungskraft des ICH BIN bewusst bist, kannst du diese beiden Zauberworte mit dem Gewünschten verbinden, auch wenn deine derzeitige Realität ganz anders erscheinen mag; denn du weißt, dass du damit das angestrebte Ziel herbeiführst. Dies funktioniert mit Charaktereigenschaften genauso wie mit materiellen Dingen. Hier ist ein eindrucksvolles Beispiel, das ich vor einigen Jahren selbst erlebt habe:

Am frühen Nachmittag bekam ich Hunger. Weil ich jedoch lieber an diesem Buch weiterarbeiten wollte, nahm ich mir nicht die Zeit, etwas zu essen. Stattdessen machte ich ein ICH-BIN-Experiment: Mehrmals sagte ich mir inbrünstig vor: „ICH BIN göttliche Speise. ICH BIN die Speise des Himmels." Dabei schwebten mir leckere Himbeeren vor; auch wenn es gerade Winter war. Wie diese Himbeeren zu mir kommen sollten, wusste ich nicht. Ich überließ es dem Himmel.

Etwa drei Stunden später klingelte mein Telefon. Meine Nachbarin fragte, ob sie mir kurz eine Überraschung vorbeibringen dürfte. Als ich ihr die Türe öffnete, überreichte sie mir strahlend eine selbstgemachte Nachspeise mit Himbeeren. Ohne dass sie von meinem Wunsch etwas wusste, hatte sie am Nachmittag dieses Tages plötzlich die Idee bekommen, tiefgefrorene Himbeeren zu kaufen und diese Himbeerspeise zuzubereiten. Dabei hatte sie den starken Impuls, für mich eine Schale damit zu füllen und sie mir ins Haus zu tragen! Ich dankte ihr und dem Himmel sehr und aß diese Himmelsspeise genussvoll.

Auch wenn es nicht immer so schnell mit der Manifestation geht, zeigt dieses Beispiel doch, wie schnell es gehen kann.

Immer wieder staune ich, wenn ich erleben darf, dass es genügt, Wünsche nur in Gedanken in den Kosmos zu senden, und Gott daraufhin anderen Menschen Ideen und Impulse gibt, unsere Wünsche mit Freude zu erfüllen, obwohl sie doch eigentlich gar nichts davon wissen können.

Die Voraussetzung, damit es so leicht funktioniert, ist, dass wir zum einen fest daran glauben und zum anderen, dass wir ein liebendes Herz und eine edle, dienende Gesinnung haben. Ich wollte aus Liebe zu dir, zu Gott und der ganzen Welt an diesem Buch weiterschreiben und vertraute darauf, dass der Himmel für mein Wunsch-Essen sorgte. Er tat es.

Die beste Art, ein Problem zu lösen

Die lebensgestaltende Macht des ICH BIN erfüllt dir nicht nur Wünsche, sie hilft dir auch, negative Aussagen über dich und dein Leben zu vermeiden. Schließlich willst du dir durch negative Worte doch nicht selbst schaden. Wenn eine Person dagegen zum Beispiel erzählt „Ich bin ja so krank", verstärkt sie ihre Krankheit durch das Aussprechen dieses Satzes. Generell ist es besser, Unerwünschtes oder Unerfreuliches nicht auszusprechen und am besten gar nicht daran zu denken.

Das heißt nicht, dass du Probleme nicht feststellen darfst, verdrängen sollst oder generell totschweigen musst. Aber sei dir dessen bewusst: Wenn du immer wieder an ein Problem denkst oder über das Problem mit anderen Menschen redest, speist du es mit Energie und verstärkst es damit. Schon oft habe ich diese leidvolle Erfahrung selbst gemacht.

Wir Menschen sind besser beraten, das Problem Gott, dem Wesen der Liebe, anzuvertrauen. Dadurch wird es kleiner werden und irgendwann aus unserem Leben verschwinden. Der Himmel bietet uns dazu eine wirkungsvolle Übung an:

Engelumarmung
Übung zum Auflösen von Problemen

Rufe den Engel der Liebe zu dir und stelle dir vor, wie dieser lichtvolle Engel das Problem, das dich beschäftigt, umarmt. Genieße das innere Bild, wie das Problem nun eingehüllt ist in die Liebe des Engels und es sich in seiner Umarmung harmonisch auflöst. Danke dem Engel dafür.

Wann immer das Problem dir wieder in den Sinn kommt, wiederhole dieses Gedankenspiel. Gott durchdringt die Situation dann jedes Mal mit seiner heilenden Liebe. Ein glücklicher Ausgang ist dir somit gewiss!

Schon zweimal habe ich auf diese Weise meine Schulden losgebracht. Beim ersten Mal rief ich den Engel der Liebe und ließ ihn, wie oben beschrieben, meine Schulden umarmen. Dazu stellte ich sie mir als ein ovales Gebilde vor, das der Engel in seine Arme schloss und mit seinem goldenen Gewand vollkommen umhüllte, so dass das Schuldengebilde für mich nicht mehr zu sehen war. In der Umarmung des Engels waren meine Schulden gut aufgehoben. Ich konnte nun innerlich meine Sorgen loslassen, wie ich sie tilgen sollte. Ich vertraute jetzt einfach auf die Hilfe des Himmels. Dann stellte ich mir vor, dass der Engel das Licht der Liebe auf meine Schulden strahlte und sie dadurch auflöste. Zum Schluss umarmten der Engel und ich uns inniglich und ich dankte ihm für seine Hilfe.

Kurze Zeit später erhielt ich unerwartet Geld aus drei Quellen: eine Rückerstattung von meinem Vermieter, eine Schadensersatz-Erstattung von einer Versicherung und eine Zahlung eines Vertragspartners. Alle drei Zahlungen erfolgten deutlich früher und fielen wesentlich höher aus als erwartet. So konnte ich schon einmal ein Drittel der Schulden tilgen.

Gleich rief ich wieder den Engel der Liebe herbei und bat ihn erneut auf die gleiche Weise um Hilfe. Nur etwa zwei Wochen später erhielt ich wieder unerwartet Geld, mit dem ich das zweite Drittel meiner Schulden tilgen konnte. Dankbar rief ich nun ein drittes Mal den Engel der Liebe an und auch dieses Mal half er wunderbar. Nur wenige Tage nach seiner Umarmung erfuhr ich, dass mein Gläubiger eine große Summe Geld erhalten hätte und deshalb mir das letzte Drittel meiner Schulden einfach erlassen würde. Staunend dankte ich dem Engel der Liebe und lobte Gott. Ich war von meinen Schulden erlöst.

Als ich etwa ein halbes Jahr später wieder Schulden machen musste, rief ich sofort den Engel der Liebe an und bat um seine Umarmung. Diesmal half er mir, indem ich nur wenige Tage später eine Geldzahlung in Aussicht gestellt bekam, die genau der Höhe meiner Schulden entsprach. Es dauerte nur wenige Wochen, bis die versprochene Zahlung erfolgte und ich Gott sei Dank erneut meine Schulden los war.

Nachdem in diesen beiden Fällen die „Engelumarmung" so wunderbar gewirkt hat, wende ich sie seither auch in anderen Problemfällen erfolgreich an. Sie hilft mir, das jeweilige Problem in Gottes Arme zu legen und es ganz loszulassen. Sie gibt mir die Kraft, an Gottes Gegenwart in dieser Situation zu glauben und seiner heilenden Liebe zu vertrauen.

Kein Problem, kein „kranker" Zustand kann der heilenden Liebe Gottes auf Dauer standhalten. Er muss einem gesunden, glücklichen Zustand weichen. Probiere diese kurze Visualisierungsübung aus, und du wirst feststellen, wie wirkungsvoll sie ist. Diese Übung gibt dir die Gewissheit, zur harmonischen Lösung der Situation auf geistigem Wege beizutragen. Falls Gott zusätzlich deine Arbeit auf der physischen Ebene benötigt, wird er dir dies durch seine Führung zeigen und dir dabei helfen, das Richtige erfolgreich zu tun.

Der Engel in dir

Neben der Möglichkeit, einen Engel Gottes zu rufen, kannst du selbst zum Engel für dein Leben werden. Das Engelhafte in dir, die göttliche Kraft in dir, deine ICH-BIN-Gegenwart, ist in der Lage, „kranke" Zustände in deinem Leben und Krankheiten aller Art zu heilen. DEIN ENGEL IN DIR hilft dir, die kraftvollen Worte ICH BIN für dich glückbringend einzusetzen. Falls du zum Beispiel ratlos vor einem Problem stehst, das du lösen willst, kannst du vertrauensvoll denken, sagen oder aufschreiben:

**ICH BIN göttliche Weisheit
und trage die harmonische Lösung der Situation in mir.
ICH BIN weise und göttlich geführt.
Alles wendet sich jetzt zum Guten.
ICH BIN die reine Liebe Gottes, die alles heilt.
ICH BIN die Heilung der Situation.
ICH BIN dankbar,
dass jetzt Gottes Wille in dieser Situation geschieht.**

Wenn du krank bist, kannst du neben anderen gesundheitsfördernden Maßnahmen entscheidend zu deiner Heilung beitragen, indem du dir immer wieder vorsagst:

ICH BIN vollkommen heil und gesund.

Damit entziehst du der Krankheit die Energie, die Lebensgrundlage, und leitest deine Heilung ein. Falls die Behandlung eines bestimmten Arztes, Heilpraktikers, Geistheilers oder anderen Heilers deiner Heilung dient, ebnest du mit diesen Worten den Weg, der dich zu dieser Person führen wird. So kann der Engel in deinem Inneren mit anderen Engeln – Menschen, die deiner Heilung dienen – zusammenarbeiten.

Manchmal höre ich Menschen sagen, dass sie das Gefühl haben, sich zu belügen, wenn sie sich „ICH BIN gesund" vorsagen sollen, obwohl sie doch genau wissen, dass sie krank sind. Weil sie dies als Unsinn ansehen und kein Vertrauen in diese Worte haben, vielleicht auch, weil sie nicht lange genug in ihrem Gebet durchhalten, stellt sich der gewünschte Erfolg nicht ein. Eine Hilfe, zu vertrauen, kann in diesem Fall sein, sich bewusst zu machen: ICH BIN heißt GOTT IN MIR. Und Gott ist immer gesund; er ist vollkommen in jeder Hinsicht. Somit dürfte es leicht fallen, an die Wahrheit des folgenden Satzes zu glauben:

GOTT IN MIR ist vollkommen heil und gesund.

Mit diesem Satz richtest du deine Aufmerksamkeit auf das Göttliche in dir, auf das Vollkommene, das Gesunde. Damit verleihst du dem Göttlichen, dem Vollkommenen, dem Gesunden in dir Energie und lässt es wachsen, während alles Unvollkommene und Kranke an Energie verliert und sich irgendwann auflösen darf. Alles Unheile wird zum Göttlichen transformiert.

Falls du derzeit keinen Erfolg in bestimmten Lebensbereichen hast oder unglücklich über dein Leben bist, kannst du Erfolg und Glück in dein Leben ziehen, indem du dir zum Beispiel immer wieder vorsagst:

ICH BIN erfolgreich und glücklich.
ICH BIN göttlicher Erfolg und das höchste Glück.
GOTT IN MIR ist erfolgreich und glücklich.
GOTT IN MIR ist göttlicher Erfolg und das höchste Glück.

Die letzten beiden Sätze haben auf mich eine besonders gute Wirkung, weil mein Verstand sie sofort annehmen kann; denn eines ist ihm klar:

Wenn Gott, das mächtigste und weiseste Wesen der Welt, in und durch uns Menschen wirkt, kann das nur Erfolg bringen.

Wenn Gott, das gütigste und liebevollste Wesen der Welt, in uns wohnt, kann das nur höchst beglücken. Und auch Gott ist glücklich, wenn wir ihm erlauben, dass er zu unserem höchsten Wohl in uns wirken darf.

Sobald du anfängst, die göttliche Macht in deinem Inneren durch wiederholte positive ICH-BIN-Sätze zu wecken, beginnt diese Kraft für dich und deine Anliegen positiv zu wirken. Mache damit täglich solange weiter, bis das Problem gelöst oder die Krankheit geheilt ist. Deine Ausdauer bis zur Erfüllung deines

Wunsches ist wichtig. Du darfst darauf vertrauen: Zum richtigen Zeitpunkt muss sich die positive Kraft, die du durch deine ICH-BIN-Worte erschaffst, in deiner physischen Realität glückbringend manifestieren. Dies ist ein göttliches Gesetz! Und du wirst feststellen: Oft geht es viel schneller, als du erwartet hast.

Mache dir keine Sorgen, falls dir negative Gedanken in den Kopf kommen oder du etwas Negatives über dich oder dein Leben geäußert hast. Solche gedanklichen oder wörtlichen Ausrutscher passieren nahezu jedem Menschen; denn wer ist schon vollkommen? Du brauchst keine Angst vor deren Auswirkungen zu haben, da sie sich mit himmlischer Hilfe ganz leicht auflösen lassen:

Himmlischer Reinigungsdienst
Übungen zum Umwandeln negativer Gedanken und Worte

Immer wenn du etwas Negatives gedacht oder gesagt hast, kannst du dir vorstellen, wie du diese Gedanken oder Worte in einem Lichtball in den Himmel wirfst. Die Engel Gottes fangen den Ball auf und verwandeln alles ins Positive.

Du kannst dir auch vorstellen, wie ein Engel Gottes zu dir kommt und du ihm das Negative, das du gedacht oder gesagt hast, als Paket übergibst. Während der Engel zurück in den Himmel fliegt, löst er die dunkle Gabe durch die Kraft seiner Liebe auf.

Oder du stellst dir vor, dass ein großes Staubsauger-Rohr sich vom Himmel auf die Erde beugt, das deine dunklen Gedanken oder Worte einsaugt und in einen himmlischen Staubsaugerbeutel transportiert, wo sie in Liebe aufgelöst werden.

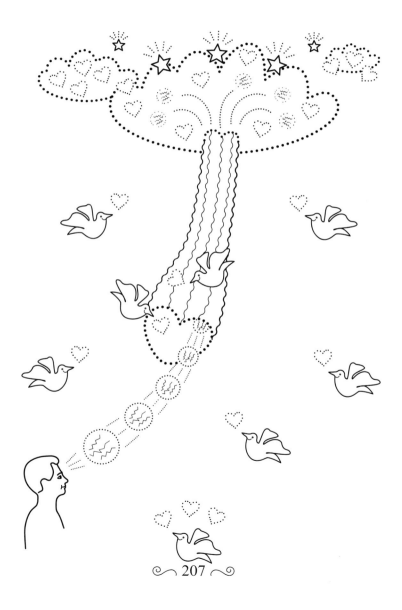

Ob du dich für den Lichtball, das Paket oder den Himmels-Staubsauger entscheidest, danke den himmlischen Mächten in jedem Fall für ihre Hilfe, zum Beispiel mit den gedachten Worten:

Danke für die Umwandlung in Licht!

Oder du denkst einfach nur:

Löschen! Danke!

Denn die Engel verstehen dich auch ohne große Erklärung; allein deine Absicht, dass deine dunklen Gedanken und Worte gelöscht werden sollen, genügt. Du darfst getrost darauf vertrauen: Deine negativen Gedanken und Worte sind samt deren Auswirkungen jetzt aufgelöst.

Im Anschluss an diese kurzen Übungen empfiehlt es sich, positive Gedanken oder Worte hinterher zu schicken, um das zu manifestieren, was du dir wünschst.

Je mehr die Schwingung auf der Erde steigt, umso wichtiger wird die Gedankenhygiene, da sich unsere Gedanken immer schneller manifestieren werden.

Die Kraft zu himmlischem Humor

Seitdem es mir bewusst ist, welche lebensgestaltende Kraft gesprochene und gedachte Worte haben, achte ich sehr auf das, was ich sage und denke. Ich bemühe mich, die mächtigen Schöpfungsworte ICH BIN nur noch so zu verwenden, dass sie anderen und mir dienen. Dabei gebe ich zu, dass ich manchmal erst überlegen muss, wie ich ein bestehendes Problem beschreiben soll, ohne es durch die Kraft meiner Worte zu verschlimmern. Zum Beispiel erlebte ich vor kurzer Zeit etwas, was mich sehr traurig machte.

Gerade wollte ich meinem Mann Michael dieses Erlebnis und meine Gefühle darüber erzählen, als meine innere Stimme mich an meinen guten Vorsatz erinnerte, nur dienende Worte zu sprechen. Während ich früher gesagt hätte, wie traurig ich darüber sei, sagte ich nun mit weinerlicher Stimme und Tränen in den Augen: „Ich bin ja so freudig!" Das war so komisch, dass Michael und ich sehr lachen mussten. Dieser kurze ICH-BIN-Satz entfaltete sofort seine positive Wirkung und meine Traurigkeit war augenblicklich wie weggeblasen. Und tatsächlich löste sich auch die Situation kurz darauf zum Guten, so dass ich mich darüber freuen konnte. Ich staunte damals sehr, wie schnell dieser kurze Satz wirkte.

Das göttliche ICH BIN in deinem Inneren gibt dir die Kraft, die Worte ICH BIN glückbringend einzusetzen und herzlich zu lachen, auch dann, wenn dir gar nicht danach zumute ist. Dein himmlischer Humor erhöht deutlich deine Stimmung und Schwingung und verwandelt über das Gesetz der Anziehung schließlich auch deine äußeren Umstände ins Positive. Denn deine Fröhlichkeit setzt Energien frei, die oft schnell und kraftvoll wundervollste Veränderungen herbeiführen können.

Meister Jesus nutzte die Kraft des ICH BIN

Jesus Christus gibt uns Menschen ein großartiges Beispiel, die Worte ICH BIN glückbringend, also im Sinne Gottes, einzusetzen. Weil er die immense Schöpfungskraft der Worte ICH BIN kannte, nutzte er sie gezielt für seinen Auftrag auf der Erde. So meditierte Jesus zum Beispiel mit Ausdauer und großer Freude im Herzen über den mächtigen Ausspruch

ICH BIN die Auferstehung und das Leben.
Johannes 11,25

Diese göttlichen Worte verliehen ihm außergewöhnliche Kraft und göttliche Weisheit. Sie ermöglichten ihm, sich – auch in seinen schwersten Prüfungen – über alle Schwierigkeiten, die ihm das Leben bot, zu erheben und sie zu meistern.

Jesus will dir, liebe Leserin, lieber Leser, Mut machen, seinem Beispiel zu folgen und diesen starken Kraftsatz für deine göttliche Lebensaufgabe, das heißt für dein Glück, anzuwenden. Denn diese heilbringenden Worte werden auch für dich – so wie für jeden Menschen, der ihn freudig und inniglich wiederholt – eine außerordentlich mächtige Kraftquelle sein. Durch sie wirst du fähig, alle Hindernisse zu überwinden und all das, was der göttliche Plan für dein Leben vorsieht, zu erreichen.

Heilige Worte können Leben retten

Die positive Macht des Satzes „ICH BIN die Auferstehung und das Leben" durfte ich am eigenen Leib eindrucksvoll erfahren, als dieser Satz mir vor Jahren mein Leben rettete:

Damals erlebte ich gleichzeitig mehrere Schicksalsschläge in verschiedenen Lebensbereichen. Meine Situation erschien mir ausweglos. Weil ich glaubte, vollkommen gescheitert zu sein und das mir Wichtigste im Leben, meine göttliche Aufgabe, nicht erfüllen zu können, sah ich keinen Sinn mehr und wollte mein Leben beenden. Vielleicht könnte ich im Jenseits ja besser dienen, dachte ich mir damals an jenem Tag.

Natürlich waren diese Gedanken vollkommen falsch, denn Gott hat immer einen Weg für uns Menschen. Meine Engel versuchten, mich von meinem Vorhaben abzuhalten und redeten auf mich ein: „Sieh doch, dass dir diese düsteren Gedanken die gottlose Seite einflüstern will. Höre nicht auf sie, Gott braucht dich hier auf der Erde. Erkenne, dass du dir als multidimensionales Wesen nur einen Wirkungsort nehmen würdest. Mit deinem physischen Körper kannst du für die Erde viel mehr bewirken als ohne ihn!"

Diese Worte überraschten mich und rüttelten mich etwas auf. Aber gleichzeitig spürte ich, dass eine dunkle Kraft, gegen die ich mich nur schwer wehren konnte, mich tief hinunter, weg von der Erde, ziehen wollte.

Zur gleichen Zeit meditierte mein Arbeitspartner Michael, mit dem ich geistig eng verbunden bin, bei sich zuhause. Er wusste nichts von meiner inneren Not. Mitten in seiner Meditation erschien ich ihm plötzlich vor seinem inneren Auge. Michael sah, wie ich von einer dunklen Energie überwältigt, eingehüllt und durch die Balkontür nach links aus seinem Sichtbereich weggezogen wurde. Er wusste sofort, dass ich mich in Todesgefahr befand; denn bereits Jahre zuvor hatte er vor dem Tod seines Vaters einen Traum gehabt, indem er diesen links um eine Ecke weggehen sah. Dabei war ihm unmittelbar klar, dass dies das baldige Sterben seines Vaters ankündigte, das daraufhin auch tatsächlich eintrat. In der gleichen Weise wurde Michael Jahre später auf das Ableben seiner Mutter vorbereitet: Auch sie bog in seinem Traum links um eine Ecke und verschwand.

Da Michael meinen Tod unbedingt verhindern wollte, fing er augenblicklich an, intensiv für mich zu beten und helfende ICH-BIN-Sätze zu sprechen. Doch er spürte, dass sie für mich wirkungslos blieben, welche Gebete er auch sprach. Erst als er den Satz „ICH BIN die Auferstehung und das Leben" mehrmals für mich mit Intensität meditiert hatte, bekam er die innere Gewissheit, zu mir durchgedrungen zu sein und die Gefahr gebannt zu haben.

Genau zu diesem Zeitpunkt – ich wusste nichts von Michaels Meditation – hörte ich in meinem Inneren plötzlich eine zarte, zunächst kaum wahrnehmbare Stimme: „Auferstehung, Auferstehung, Auferstehung. ICH BIN die Auferstehung und das Leben!" Überrascht lauschte ich dieser feinen Engelsstimme in mir und spürte die erleichternde Wirkung dieser heiligen Worte. „Komm, sprich nach!", forderte mich die zarte Stimme bald auf.

Nun begann ich, mir selbst zunächst das einzelne Wort „Auferstehung" und dann den Satz „ICH BIN die Auferstehung und das Leben" im Geiste mehrere Minuten lang vorzusagen. Schon innerhalb weniger Augenblicke reinigte sich die Energie um mich herum und alles Dunkle, Hinunterziehende war wie weggesprengt, einfach verschwunden. Ich war aus der Todessehnsucht, die gar nicht meine gewesen war, erwacht. „Was war das für ein schrecklicher Spuk?", fragte ich mich Minuten später, als ich wieder die alte Lebensfrohe war, die der Welt möglichst viel Gutes bringen möchte.

Kurz darauf rief mich mein Arbeitspartner Michael an, um sich nach mir zu erkundigen und mir besorgt sein außergewöhnliches Meditationserlebnis zu erzählen. Ich dankte Michael sehr für seinen Einsatz, ebenso meinen Engeln – und Gott, dass er Michael die Fähigkeit geschenkt hat, meine Lage über die Ferne zu erfassen und mir auf geistigem Wege zu helfen.

Seit jenem Angriff aus der geistigen Welt ist mir der Satz „*ICH BIN die Auferstehung und das Leben*" heilig. Aus eigener Erfahrung weiß ich seither, das er alles Gottabgewandte sprengt, das uns von unserer göttlichen Lebensaufgabe hier auf der Erde abhalten will; dass er uns aufrichtet, mutig und zuversichtlich macht; dass er uns Kraft gibt, unseren göttlichen Weg zu gehen.

Mein Leben hat sich durch Gebet übrigens in jedem der Punkte, die mich damals so sehr bedrückten, wunderbar zum Guten verändert. Gott hat einfach für alles eine gute Lösung, auch wenn es noch so auswegslos erscheinen mag.

Weitere Meisterworte für dich

Wie uns durch die Evangelisten Johannes und Matthäus überliefert ist, stellte Jesus auch anderen lebensspendenden Worten das göttliche ICH BIN voran, zum Beispiel:

ICH BIN das Brot des Lebens.
Johannes 6,48

ICH BIN das Licht der Welt.
Johannes 8,12

ICH BIN die Türe.
Johannes 10,9

ICH BIN der gute Hirte.
Johannes 10,11

*ICH BIN der Weg,
die Wahrheit und das Leben.*
Johannes 14,6

*ICH BIN der Weinstock,
und ihr seid die Reben.*
Johannes 15,5

ICH BIN ein König.
Johannes 18,37

*ICH BIN immer bei euch,
jeden Tag, bis zum Ende der Welt.*
Matthäus 28,20

Wenn Jesus solche großen Worte sprach, meinte er mit „ICH BIN" nicht seine äußere menschliche „Hülle", sondern die mächtige ICH-BIN-Gegenwart in seinem Inneren. Es ist Jesus ein großes Anliegen, dass wir Menschen dies erkennen, und er möchte uns sagen:

Die mächtigen Worte, die ich vor 2000 Jahren sprach, bezog ich nicht auf mich als Mensch, sondern ich meinte damit: Das göttliche ICH BIN, also Vater-Mutter-GOTT IN MIR, ist das Brot des Lebens, das Licht der Welt, die Türe, der gute Hirte ... Jeder Mensch beheimatet in sich die gleiche ICH-BIN-Gegenwart, wie sie in mir lebendig war und ist. Ich wünsche mir, dass du erkennst: Dein göttliches Potenzial ist dem meinen gleich! Siehe mich als deinen älteren Bruder an, der dir den göttlichen Weg vorausgegangen ist. Tue es mir gleich und du wirst ebenso gottverwirklicht sein wie ich. Durch das ICH BIN, das allen Menschen gemeinsam ist, sind wir alle eins und zu jeder Zeit miteinander verbunden.

Jesus

Liebe Leserin, lieber Leser, Gott hat dir bewusst dieses Buch in die Hände gelegt. Denn er wünscht sich für dich, dass du den heilvollen Weg deiner Gottverwirklichung gehst und zur Gemeinschaft der Heiligen gehörst.

Gott hat alle, die er ausgewählt hat, dazu bestimmt, seinem Sohn gleich zu werden. Denn als der Auferstandene soll er der erste unter vielen Brüdern und Schwestern sein. Und wen Gott dafür bestimmt hat, den hat er auch in seine Gemeinschaft berufen.
Römer 8,29.30

Das Tor zum Christusbewusstsein

Liebe Leserin, lieber Leser, die Demut in deinem Herzen hilft dir, die großartige Botschaft anzunehmen, wer du wirklich bist: eine Schwester / ein Bruder von Jesus Christus! Du bist ein höchst liebenswertes Familienmitglied der großen göttlichen Familie. Du und Jesus und wir alle gehören dazu. Unser wahrer Familienname ist Christus. Wir sind alle Geschwister, die verbunden sind durch die Liebe, durch die Christusenergie, die von Vater-Mutter-Gott, unseren gemeinsamen göttlichen Eltern, kommt. Von dieser himmlischen Energie ist für jeden Menschen der Welt, für jedes ihrer Kinder, überreichlich vorhanden.

Machen wir es deshalb wie unser Bruder Jesus: Nehmen wir die heilige Christusenergie bewusst in uns auf. Lassen wir die Christuskraft, den Geist Gottes, in uns vollkommen erwachen. Dadurch wurde Jesus zu Jesus Christus. Falls du Anna oder Klaus heißt, wirst du so zu Anna Christus beziehungsweise Klaus Christus.

Wer ist Christus und wie kam er in Jesus?

Ich erlebe Christus als ein göttliches, kosmisches Wesen, das sehr mächtig und zugleich höchst liebevoll und barmherzig ist. Es wird von ihm gesagt, dass er als Sohn Gottes zur Dreifaltigkeit gehört. Im Johannes-Evangelium können wir über Christus lesen:

Christus – „Das Wort":
Am Anfang, bevor die Welt geschaffen wurde, war Er, der „das Wort" ist. Er war bei Gott und in allem Gott gleich. Von Anfang an war er bei Gott. Durch ihn wurde alles geschaffen; nichts ist entstanden ohne ihn. In allem Geschaffenen war er das Leben, und für die Menschen war er das Licht ... Das wahre Licht ist Er, „das Wort". Er kam in die Welt und war in der Welt, um allen Menschen Licht zu geben. Die Welt war durch ihn geschaffen worden, und doch erkannte sie ihn nicht.
Johannes 1,1-4 und 9-10

Christus ist unser **Schöpfergott**; er ist uns Vater und Mutter zugleich; deshalb spreche ich ihn auch gerne mit *Herrlicher Vater-Mutter-Gott* an, oder kurz mit *Herr*. Wenn ich *Herr* zu Christus sage, meine ich damit nicht einen männlichen Gott, sondern ich spreche mit diesen ersten vier Buchstaben von ***Herr****licher Vater-Mutter-Gott* die unfassbare Herrlichkeit seines Wesens an, in dem ich männliche und weibliche Aspekte wahrnehme.

Der **Mensch Jesus** ist ein gottverwirklichter Meister, der uns vor rund 2000 Jahren ein höchst nachahmenswertes Beispiel gegeben hat. Sein Herz war so rein, voller Liebe und Demut, seine Gesinnung so edel, dass er es dem Schöpfergott Christus ermöglichte, seinen menschlichen Körper einzunehmen. Dies geschah, als Jesus im Alter von 30 Jahren bei seiner Taufe im Jordan den Heiligen Geist, den heiligen Christusgeist, empfing.

Laut des Evangeliums des vollkommenen Lebens (S. 226) schrieb Clemens von Alexandrien, dass Christus auf Jesus durch die Taube herabkam, während die Stimme Gottvaters ertönte (apokryphes Hebräerevangelium). Von den Evangelisten Matthäus und Johannes ist dazu überliefert:

Auch Jesus kam aus seiner Heimat in Galiläa an den Jordan, um sich von Johannes taufen zu lassen. Aber Johannes versuchte, ihn davon abzubringen: „Ich müsste eigentlich von dir getauft werden, und du kommst zu mir?" Jesus erwiderte:

„Lass es so geschehen, denn wir müssen alles tun, was Gott will." Da gab Johannes nach. Gleich nach der Taufe stieg Jesus wieder aus dem Wasser. Der Himmel öffnete sich über ihm, und er sah den Geist Gottes wie eine Taube auf sich herabkommen. Gleichzeitig sprach eine Stimme vom Himmel: „Dies ist mein geliebter Sohn, der meine ganze Freude ist."
Matthäus 3,13-17

Und Johannes (der Täufer) berichtete ...: „Ich sah den Geist Gottes wie eine Taube vom Himmel herabkommen und bei ihm (Jesus) bleiben."
Johannes 1,32

Der Evangelist Lukas, der ebenfalls über dieses besondere Ereignis schreibt, schließt direkt an seinen Bericht über die Taufe Jesu Folgendes an:

Jesus trat zum ersten Mal öffentlich auf, als er ungefähr dreißig Jahre alt war.
Lukas 3,23

Das entscheidende Wirken von Jesus begann also, nachdem der heilige Christusgeist, das göttliche Geistwesen Christus, in den menschlichen Körper von Jesus hineingestiegen war. Die folgenden drei Jahre wirkte nun das Gottwesen Christus durch den Körper des Menschen Jesus. Wie der Bibel zu entnehmen ist, gab sich Christus dabei als Sohn Gottes zu erkennen:

„Und für wen haltet ihr mich?", fragte er (Jesus Christus) sie (seine Jünger). Da antwortete Petrus: „Du bist Christus, der von Gott gesandte Retter, der Sohn des lebendigen Gottes!" „Du kannst wirklich glücklich sein, Simon, Sohn des Jona!", sagte Jesus. „Diese Erkenntnis hat dir mein Vater im Himmel gegeben; von sich aus kommt ein Mensch nicht zu dieser Einsicht."
Matthäus 16,15-17

Nach dieser Bibel-Übersetzung betete Christus, der Sohn Gottes, verkörpert in Jesus, zu seinem „**Vater im Himmel**". Im Evangelium des vollkommenen Lebens – laut Herausgeber ein ursprüngliches Evangelium aus dem ersten Jahrhundert, das aus dem aramäischen Urtext übersetzt wurde – ist überliefert, dass Jesus Christus seinem Gott folgende Namen gab: „**Vater-Mutter im Himmel**", „**All-Vater-Mutter**", „**Abba-Amma**" und „**Heiliges Vater-Mutter**". Das *Vater unser* beginnt hier so:

> Jesus Christus spricht:
> *Vater und Mutter unser, das Du über uns und in uns bist, geheiligt werde Dein Name in doppelter Dreieinigkeit. Dein Reich komme zu allen in Weisheit, Liebe und Gerechtigkeit. Dein heiliger Wille geschehe immerdar auf Erden wie im Himmel ...*
> Das Evangelium des vollkommenen Lebens, 76. Kapitel, 20

Wie du, liebe Leserin, lieber Leser, das Göttliche bezeichnen willst, an das du deine Gebete richtest oder auf das du dich in deiner Meditation konzentrierst, liegt ganz bei dir: Ob du dich an Vater-Mutter-Gott im Himmel oder an deine ICH-BIN-Gegenwart in deinem Inneren, an Christus, an Maria, die Mutter Gottes, und den Heiligen Geist, oder an die Engel Gottes wendest – sie alle sind Ausdruck der göttlichen Liebe und werden dir die richtige Hilfe zukommen lassen. Der Christusgeist ist ein besonderes Geschenk an uns Menschen und an die gesamte Schöpfung. Er vereinigt sich mit uns, wenn wir dies wollen, und stellt uns seine Kraft, Weisheit und Göttlichkeit zur Verfügung.

Christus hat sich nicht nur in Jesus verkörpert, sondern es gibt zahlreiche Menschen in der Geschichte, durch die sich Christus offenbarte. So wirkte er zum Beispiel in und durch Moses, Sokrates, Plato, Franz und Clara von Assisi, Jeanne d´Arc, Ghandi, Buddha und viele andere. Christus, der Geist der göttlichen Liebe, beseelt und inspiriert damals wie heute Menschen in verschiedenen Ländern und Kontinenten, unabhängig davon, welcher Religion sie angehören, oder ob sie einer Religion angehören.

Voraussetzung ist lediglich, dass sie sich für seine Liebe öffnen, reinen Herzens sind und das Wohl ihrer Mitwelt im Sinn haben. Ziel ist es, dass der Christus in jedem Menschen geboren wird und jeder Mensch mit ihm eine ewige Einheit bildet.

Christus hat als Geist der Liebe nicht nur die Begründer des Christentums inspiriert, sondern er ist der gute, inspirierende Geist aller Religionen, die dazu dienen sollen, die göttliche Liebe, die Achtung vor dem Nächsten und vor der gesamten Schöpfung in uns Menschen wachzurufen. Als Schöpfergott der Welt und aller Menschen ist Christus das verbindende Element der Religionen.

Diese Erkenntnis ist ein wichtiger Beitrag zum Frieden auf Erden; denn sie hilft, die anderen Religionen nicht mehr als Konkurrent oder Feind zu betrachten, sondern die Konzentration zu richten auf Christus, den gemeinsamen Ursprung, und auf das gemeinsame Ziel: den Geist der Liebe in die Herzen der Menschen zu pflanzen.

Meine Religion ist die Liebe Gottes

Immer wieder mal werde ich gefragt, welcher Religion ich angehöre: ob ich evangelisch oder katholisch oder etwas anderes bin. Meine Antwort ist immer dieselbe: Religion ist mir nicht wichtig. Ich bin zwar vom Christentum geprägt und liebe Maria und Jesus, aber ich fühle mich keiner Religion wirklich zugehörig. Ich gehöre nur Gott, dem Geist der Liebe; er ist für mich das Wichtigste. „Hauptsache Gott und die Liebe", sage ich immer.

Meine erste Liebeserklärung, an die ich mich erinnern kann, machte ich Gott im Alter von zwei Jahren. Seither rede ich mit ihm wie mit meinem besten Freund. Dabei habe ich nie hinterfragt, wer dieser Gott eigentlich ist, mit dem ich da seit Jahrzehnten rede, der mir immer treu antwortet, wenn ich bereit bin, ihn zu hören; und der manchmal mit mir redet, auch wenn ich ihn gar nicht gefragt habe. Seine Stimme ist mir vertraut, seine Energie ist himmlisch, seine Weisheit höchst bewundernswert.

Vor einigen Jahren fragte mich mein Arbeitspartner Michael, mit dem ich oft interessante spirituelle Gespräche führen darf: „Wer ist eigentlich dieser Gott, mit dem du da immer sprichst?" „Ich weiß es nicht", gab ich zu, „aber weißt du", überlegte ich laut, „so genau muss ich das doch gar nicht wissen. Ich weiß, dass ich ihn über alles liebe und dass er das Wesen der reinen, bedingungslosen Liebe ist. Das genügt mir." „Frage ihn doch mal, wer er ist! Es würde mich interessieren. Vielleicht sagt er es dir ja!", blieb Michael hartnäckig. Michael zuliebe fragte ich deshalb in Gedanken: „Sag mal, lieber Gott, wer bist du eigentlich?" Die Antwort kam sofort. In meinem Inneren hörte ich die vertraute Stimme, die ich immer höre, wenn Gott mit mir spricht: „Ich bin dein geliebter Christus, du kennst mich doch! Ich bin der heilige Christusgeist." Die Energie, die in seinen Worten mitschwang, beglückte mich; und natürlich auch die Botschaft seiner Worte.

Mein Herz fließt über vor Liebe zu ihm, was ich gerne in einfachen Gedichten zum Ausdruck bringe, heute zum Beispiel so:

Geliebter Christus, mein heiliger Gott,
für dich allein will ich leben,
alles will ich dir geben,
ich schenke mich dir,
schenke du dich mir!

Christus schenkt sich jedem Menschen, der ihn ruft. Er lässt sein heiliges Wesen, den Christusgeist, in uns fließen, mit dem er uns heilt, stärkt, zuversichtlich, freudig und mutig macht, geniale Ideen eingibt – und wenn wir es zulassen, kann er unseren Körper vollkommen übernehmen und Taten vollbringen, zu denen wir ohne ihn niemals in der Lage wären.

Dein Bruder Jesus wartet auf dich. Er will dir helfen, die Christuskraft in dir zu aktivieren bzw. zu verstärken und wie er ein Christusträger zu werden. Wie damals seinem Jünger Petrus will Jesus auch dir heute sagen:

Geh du den Weg, den ich dir vorausgegangen bin.
Johannes 21,22

Wie die Christuskraft in dir erwacht

Die himmlische Welt bietet dir zahlreiche Wege an, um das Göttliche, die Christuskraft, in dir zu wecken und wachsen zu lassen. So kannst du zum Beispiel mit imaginären Bildern, mit realen Bildern oder mit der Kraft der Worte arbeiten:

Der Christussegen
Übung zum Aufnehmen von Christusenergie

Falls du gerne mit inneren Bildern arbeitest, stelle dir einfach vor, wie Jesus Christus vor dir steht und seine Hand sanft auf deinen Kopf legt. Danke ihm, dass er den heiligen Christusstrom in dich einströmen lässt. Genieße dieses heilige Geschehen.

Diese geistige Übung liebe ich so sehr, dass ich mich regelmäßig von Jesus Christus auf diese Weise segnen lasse. Sie erfrischt mich, gibt mir Kraft und schenkt mir göttliche Erkenntnisse. Jesus Christus selbst sagt von sich, dass jeder, der es wünscht, von ihm den Geist Gottes erhalten kann:

*Wer durstig ist, soll zu mir kommen und trinken –
jeder, der mir vertraut!
Denn in den heiligen Schriften heißt es:
„Aus seinem Inneren wird lebendiges Wasser strömen."
Jesus meinte damit den Geist, den die erhalten sollten,
die ihm vertrauten.*
Johannes 7,37-39

Heiliger Blickkontakt
Übung zum Aufnehmen von Christusenergie

Um die aufbauende, erfrischende Christusenergie zu erfahren, ist es auch sehr hilfreich, sich in ein Bild von Jesus Christus zu vertiefen. Während du Jesus liebevoll in die Augen schaust, kannst du ihm danken, dass er Christusenergie auf dich strahlt. Genieße, wie diese wohltuende Energie in die Zellen deines Körpers eindringt oder atme sie regelrecht ein, ganz tief in dein Inneres hinein.

Als ich begann, mit Jesus Christus zusammenzuarbeiten, kam in mir der Wunsch auf, ein schönes Bild von ihm zu besitzen, das seinen Kopf in Lebensgröße zeigt. Um mich auf ihn einzustimmen, wollte ich ihn anschauen und in seine Energie eintauchen. Deshalb sagte ich zu Jesus: „Ich wünsche mir ein Bild von dir. Du weißt, wie es aussehen soll. Danke, dass du mir hilfst, ein solches zu bekommen!" Kurz darauf erhielt ich von Tino, einem Freund, genau so ein Bild. Er hatte es vor einiger Zeit mehrfach bestellt, um es zu verschenken. Als ich ihn traf, hatte er noch genau eines übrig und schenkte es mir.

Wenn du dir ein Bild von Jesus wünschst und dafür betest, wirst du sehen, wie schnell sich dein Wunsch erfüllen wird. Denn Jesus Christus steht schon in den Startlöchern und wartet nur darauf, mit dir auf der Erde gemeinsam zu wirken. Er braucht deine wertvolle Mitarbeit, um den Frieden auf Erden zu verwirklichen.

Schon allein dadurch, dass du dich von Jesus Christus mit heiliger Energie stärken lässt, wirst du zum Friedensarbeiter. Denn jeder, der das Christuslicht in sich heller strahlen lässt, erhellt seine Umgebung und trägt durch seine liebevolle Ausstrahlung zum wachsenden Frieden auf der Erde bei.

Mein Lieblings-Mantra „Jesus Christus"
Worte zum Wachrufen deines heiligen ICHs im Alltag

Es ist kein Zufall, dass unser göttlicher Wesenskern die Buchstaben ICH trägt. I steht für Jesus, CH für Christus. Wiederholen wir diese beiden heiligen Worte „Jesus Christus, Jesus Christus, Jesus Christus ..." in Gedanken oder laut oder schreibend, verbinden wir uns mit dem gottverwirklichten Meister Jesus und dem Schöpfergott Christus. Dabei rufen wir unseren göttlichen Wesensteil wach.

Ohne dass ich dies ursprünglich wusste, entwickelte sich bei mir schon vor Jahrzehnten eine Gewohnheit, über die mein Verstand anfangs den Kopf schüttelte. Sie begann eines Tages, als es mir aufgrund äußerer Umstände schlecht ging. Mein Leben bot mir damals in fast allen Lebensbereichen große Schwierigkeiten. Gerade war ich zu Fuß auf dem Weg zum Bahnhof, um in die entfernte Großstadt zu meiner Arbeitsstelle zu fahren; sorgenvoll dachte ich über meine Situation nach, als ich plötzlich in mir eine liebevolle Stimme hörte, die zu mir sagte: „Sag dir meinen Namen vor, das wird dir helfen!"

Völlig überrascht fragte ich mich, welchen Namen ... Ich konnte meine Frage nicht zu Ende denken, da begann die Stimme zu wiederholen: „Jesus Christus, Jesus Christus, Jesus Christus." Zögernd folgte ich diesem göttlichen Vorschlag und durfte dabei feststellen, dass diese beiden Worte meine trübe, sorgenvolle Stimmung auflösten. Bei jedem Schritt, mit dem ich mich dem Bahnhof näherte, dachte ich: „Jesus Christus, Jesus Christus, Jesus Christus ..." Am Bahnhof angekommen war ich bereits voller Zuversicht.

Von da an wurden diese beiden Worte ein fester Bestandteil meines Alltags – bis heute: Wenn ich still spazieren gehe, in den Bergen wandere, sportlich walke oder langlaufe, begleite ich meine Schritte oft mit den Worten „Jesus Christus".

Auch wenn ich in der Küche die Flächen wische, denke ich beim Hinwischen „Jesus" und beim Zurückwischen „Christus"; ebenso beim Staubsaugen, Bodenwischen, Fensterputzen und Zähneputzen. Beim Treppensteigen macht es mir besonders Spaß, jede Stufe ihm zur Ehre hinauf- oder hinunterzusteigen und dabei seinen Namen voller Liebe zu denken. Auch beim Yoga oder wenn ich mit meinen gelenkschonenden Hanteln durch den Garten schwinge, rufe ich gerne mit jeder Bewegung in Gedanken seinen Namen in den Himmel. Alles, was ich tue, will ich Christus zur Ehre tun. Es ist mein liebendes Herz, das mich dazu veranlasst.

Mein Verstand allerdings hatte damit lange Zeit ein Problem. Ehrlich gesagt dachte ich früher oft: „Gut, dass niemand meine Gedanken kennt. Die anderen würden denken, dass ich spinne, weil ich dauernd „Jesus Christus" in Gedanken wiederhole.

Eines Tages vertraute ich meinem Arbeitspartner Michael meine seltsame Gewohnheit an. Doch anstatt sich über mich zu wundern, reagierte er begeistert. Er erzählte mir, dass er meine Gewohnheit aus der Literatur als das immerwährende Herzensgebet kenne, das höchst erstrebenswert sei, weil es die Verbindung zum Göttlichen ständig aufrechterhalte.

Diese Nachricht beruhigte meinen Verstand, der mich seither in Ruhe lässt, wenn ich meine absoluten Lieblingsworte „Jesus Christus" im Geiste unablässig wiederhole. Sie umgeben mich mit einer Energie, die mir himmlische Geborgenheit und Frohmut schenkt.

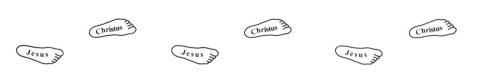

Heilige Kommunikation
Worte zum Wecken der Christusenergie in dir

Du kannst auch die Kraft anderer heiliger Worte nutzen, um die Christuskraft in dir zu wecken und wachsen zu lassen. Vor Jahren hörte ich eines Tages, während ich in unserem Haus die Treppen hinauflief und gerade an etwas ganz anderes dachte, meine innere Stimme sagen: „Christus in mir, erwache!" Überrascht fragte ich mich, was diese Worte zu bedeuten haben, während ich wieder in mir hörte: „Christus in mir, erwache! Komm, sprich nach! Christus in mir, erwache!" Ich sprach es mehrmals nach und spürte in mir eine große Freude aufsteigen. „Oh ja, geliebter Christus, erwache in mir! Mein ganzes Wesen soll von dir erfüllt sein!", rief ich bald in Gedanken begeistert in den Himmel. Liebe Leserin, lieber Leser, ich lade dich ein, es selbst auszuprobieren. Wiederhole immer wieder mal die Worte:

Christus in mir, erwache! Danke!

Auch falls du nicht gleich eine Wirkung feststellen solltest, darfst du gewiss sein, dass du damit das Göttliche in dir aktivierst, dein spirituelles Wachstum förderst und deine göttliche Bestimmung, und damit dein Glück, findest.

Christus in mir, erwache! Danke!

Kraftvolle Christus-Sätze
Worte zum Entfalten der Christusenergie in dir

Wie im Kapitel „Die Macht Gottes in dir" beschrieben, führt dich Gott selbst direkt ins Christusbewusstsein hinein, wenn du seinen Namen „ICH BIN" mit Liebe, Freude und Ausdauer wiederholst. Und natürlich bieten sich die göttlichen Worte ICH BIN dafür an, Christus-Sätze zu bilden und damit auf kraftvolle Weise Christusenergie in dir zur Entfaltung zu bringen, zum Beispiel:

ICH BIN Christus in Aktion.
ICH BIN das Christuslicht.
ICH BIN der Christusfrieden.
ICH BIN der Christussegen.

Je mehr du dabei das Wohl deiner Mitwelt einbeziehst, umso größer wird die Kraft, die du dabei erschaffst, zum Beispiel:

ICH BIN Christus in Aktion und diene dem Wohl der Welt.
ICH BIN das Christuslicht, das die Welt erleuchtet.
ICH BIN der Christusfrieden, der die Welt regiert.
ICH BIN der Christussegen, der die Welt beglückt.

Willkommen in der Welt-Familie der Liebe
Worte zum Stärken des Christusbewusstseins

In hellsichtigen Gnadenmomenten erlebe ich Christus als ein kosmisches Wesen, das weltweit an verschiedensten Orten gleichzeitig und religionsunabhängig wirkt. Menschen, die aus der Liebe heraus handeln, sind von Christus beseelt bzw. geführt. Sie alle bilden über die Grenzen ihrer leiblichen Familie hinaus und über Ländergrenzen hinweg eine große heilige Familie. Ich nenne sie die Weltfamilie der Liebe oder die Christus-Familie. Christus selbst erklärte in seiner Jesus-Inkarnation vor 2000 Jahren, wer zu seiner Familie zählt:

> *Wer den Willen meines Vater-Mutters, das im Himmel ist, tut, der ist mein Vater und meine Mutter, mein Bruder und meine Schwester, mein Sohn und meine Tochter.*
> Das Evangelium des vollkommenen Lebens, 45. Kapitel,10

Den Willen von Vater-Mutter-Gott tun wir, wenn wir liebevoll denken und unsere Worte mit Liebe wählen; wenn unser Herz überfließt vor Liebe zu allen Geschöpfen, wenn wir ständig göttliche Liebe im Sinn haben und sie durch unser Handeln in die Welt tragen – im Kleinen ist dies genauso wertvoll wie im Großen.

Ob du, liebe Leserin, lieber Leser, bereits viel oder wenig oder noch gar keine Liebe in deinem Herzen spürst, ob du schon große oder kleine Taten der Liebe vollbringst oder bisher noch keine: Allein bereits dein Wunsch, dazuzugehören, lässt dich dazugehören. Sei dir bewusst, dass du ein höchst erwünschtes, liebenswertes Mitglied der göttlichen Christus-Familie bist. Du kannst dich wirkungsvoll mit dieser weltweiten Familie der Liebe verbinden, indem du dir immer wieder folgenden ICH-BIN-Satz in Gedanken oder laut vorsagst:

ICH BIN *V o r n a m e* Christus.
Setze deinen Vornamen ein, zum Beispiel:

ICH BIN Sabine Christus,
wenn du Sabine heißt.

ICH BIN Mirko Christus,
wenn du Mirko heißt.

Göttliche Dichtkunst
Heilige Reime zum Aktivieren der Christusenergie in dir

 Es ist gut zu wissen, dass Worte eine lebensgestaltende Kraft haben. Es ist schön zu wissen, dass heilige Worte göttlich Gutes in dein Leben ziehen. Es macht Freude zu wissen, dass du die positive Kraft deiner heiligen Worte noch steigern kannst, wenn du daraus heilige Reime formst.

Ich empfinde es als beglückend, persönliche Christus-Reime zu dichten. Dafür rufe ich den Heiligen Geist an und danke ihm im Voraus, dass er mir beim Dichten hilft und göttliche Ideen eingibt. Mit ihm zusammen macht es riesig Spaß. Was wir beide zusammen dichten, lautet zum Beispiel so:

ICH BIN die Christuskraft, die jetzt in mir erwacht.
ICH BIN die Christuskraft, die durch mich das Wunder schafft.
ICH BIN die Christuskraft, die göttlich Gutes macht.
ICH BIN der Christusgeist, der den Weg Gottes weist.
ICH BIN das Christuslicht, das uns schenkt klare Sicht.
ICH BIN der Christusfrieden, der erfüllt all meine Lieben.
ICH BIN der Christussegen, der bringt Heil und Kraft zum Leben ...

Gerne richte ich meine Worte auch direkt an das heilige Wesen Christus. Damit will ich ihm meine Verehrung und Liebe ausdrücken. Ich verehre ihn nicht, weil mir irgendeine Institution geraten hat, dies zu tun. Ich bringe ihm meine Liebe, höchste Verehrung und Bewunderung, weil ich mehrfach die Gnade erhalten habe, bei seinem Wirken auf verschiedenen Ebenen dabei zu sein. Staunend erlebe ich seine Macht und seine aufopfernde, bedingungslose Liebe für uns Menschen zu Lebzeiten auf Erden und nach dem Tod in anderen feinstofflichen Ebenen. In Band 3 dieser Reihe werde ich mehr darüber schreiben. Christus ist ein außergewöhnlicher Diener der Menschheit und der Schöpfung. Weil ich sehe, wie göttlich gut er ist, will ich ihm dienen: mit meinem ganzen Leben, aber auch im Alltag mit meinen Gedanken. So sprudeln immer wieder Liebes- und Verehrungsgedichte an ihn aus mir heraus, die zum Beispiel lauten:

**Liebster Christus, Heiland mein,
freudig lade ich dich ein,
nimm mein ganzes Wesen ein,
beseelt von dir will ich sein,
geführt von dir möcht ich sein,
beglückt von dir darf ich sein,
danke, ich bin ewig dein.**

Jedes Mal, bevor ich mit meinem Dienst für Gott und das Wohl meiner Mitwelt beginne, also wenn ich zum Beispiel an meinen Büchern weiterschreiben oder sie illustrieren möchte, bete ich zuerst, um mich mit dem Göttlichen zu verbinden. Dafür reime ich auch gerne. Zur Zeit liebe ich besonders mein folgendes Gebets-Gedicht:

**Christusgeist, ich lad dich ein,
schlüpf in meinen Körper rein,
eins mit dir möcht ich sein.
Tun will ich nur, was dir gefällt,
lass mich dir dienen zum Wohle der Welt.**

Himmlische Überraschungen

Wenn du auf die oben beschriebene Weise denkst, betest oder meditierst, darfst du dich auf wunderschöne Erlebnisse gefasst machen. Als ich zum Beispiel vor einiger Zeit über den Satz „ICH BIN die reine Christusliebe" (einer meiner Lieblings-ICH-BIN-Sätze) mit geschlossenen Augen meditierte, erschien vor meinem inneren Auge plötzlich eine hell strahlende Lichtgestalt, die ich an ihrer liebevollen Energie sofort erkannte. Es war mein geliebter Christus, der mir ein ebenso hell strahlendes Lichtherz entgegenstreckte. Während ich dieses himmlische Bild genoss, spürte ich seine Christusliebe tief in mich eindringen. Ich wünsche dir, liebe Leserin, lieber Leser, viele dieser himmlischen, Kraft spendenden und beglückenden Erlebnisse.

Immer wieder werde ich gefragt, woran ich die Echtheit einer solchen Erscheinung erkenne; denn auch die gottlose Seite kann sich in Form schöner Lichtgestalten präsentieren, die von der Liebe reden, weise Worte sprechen und fähig sind, große Wunder zu tun. Doch eines können diese gottfernen Wesen nicht und das ist *das Unterscheidungsmerkmal*: Nur ein Wesen aus der göttlichen Welt kann dir die Liebe bringen und in dein Herz strahlen. Du erkennst also an den Gefühlen, die die Lichtgestalt in dir erzeugt, ob sie zur göttlichen Welt gehört. In den Gnadenmomenten, in denen ich Schutzengel, Erzengel oder göttliche Meister wie Jesus Christus, Hilarion und Saint Germain, oder Maria, die Mutter Gottes mit ihrem Christuskind, oder Buddha und Krishna sehen, hören und erleben darf, empfinde ich das Gefühl, herzlich geliebt zu sein, das gepaart ist mit großer dankbarer Freude und einem tiefen Seelenfrieden.

Mein Herz kann solche Gnaden-Erlebnisse, die mir meist unerwartet geschenkt werden und die ich nicht willentlich herbeiführen kann, leicht annehmen. Die göttliche Liebesenergie, die mir dabei zuteil wird, ist so stark, dass ich sie aus eigener Kraft niemals selbst erzeugen könnte. Meist werden mir solche himmlischen Erfahrungen geschenkt, während ich meiner Mitwelt diene, manchmal auch im Anschluss an meinen Dienst. In Band 2 und 3 dieser Reihe gehe ich ausführlich darauf ein.

Mein Verstand ist höchst kritisch und zweifelt gerne alles an. Wie froh bin ich deshalb, wenn die göttliche Welt mir Beweise für meine hellsichtigen Erlebnisse liefert, die auch mein Verstand anerkennen kann. So kenne ich manche der göttlichen Wesen, die mir erscheinen und mit denen ich zusammenarbeiten darf, zuvor nicht. Zum Beispiel lernte ich während einer Energie-Heilbehandlung, die ich einem Bekannten schenkte, einen beeindruckend schönen, mächtigen Engel kennen; er war viel größer und majestätischer als die vielen anderen Engel, die an der Heilbehandlung meines Patienten mitwirkten. Als ich ihn fragte, wie er heiße, sagte er „Metatron". Da ich diesen Namen noch nie zuvor gehört hatte, wollte ich zuhause nachschauen, ob es einen solchen Engel in der Literatur gibt. Allerdings besaß ich damals kein Buch über Namen in der Engelwelt. Nach einem kurzen Dankgebet für Bestätigung meines Erlebnisses wurde ich zu einer Kommode in meinem Wohnzimmer geführt, auf der das Erzengel-Orakel von Doreen Virtue unter einigen anderen Broschüren lag. Ich hatte es kurz zuvor neu erworben, dort aber nur abgelegt und mich noch nicht damit befasst. Mich wundernd, ob ich darin fündig werden würde, öffnete ich die kleine Schachtel und hörte in mir: „Nimm das Heft und schlag es auf!" Ich tat wie geheißen, schlug nach einem Gebet das kleine Karten-Begleitheft auf und staunte: Die aufgeschlagene Seite enthielt einen kurzen Bericht über Erzengel Metatron! Wie die Autorin hier schreibt, kann Metatron bei der Reinigung von Chakren zu Hilfe gerufen werden. Nun war auch mein Verstand überzeugt, denn ich hatte bei meinem Bekannten tatsächlich eine Chakra-Reinigung durchgeführt und die Engel Gottes dazugerufen, als dieser wunderschöne Engel namens Metatron gemeinsam mit zahlreichen kleineren Engeln mir zu Hilfe gekommen war.

Chakren sind wie bereits gesagt die feinstofflichen Organe unseres Körpers, über die wir Menschen Energie aus dem Kosmos aufnehmen. Feinfühlige Menschen können spüren, wie die kosmische Energie über ihre Chakren in den Körper gelangt. Das Chakra, das sich an unserem Scheitel befindet, wird Kronenchakra genannt. Wenn ich bete und für Christussegen danke, nehme ich deutlich wahr, wie mein Kronenchakra zu wirbeln beginnt und von oben in meinen Kopf ein angenehm erfrischender Energiestrom eintritt, der sich in Sekundenschnelle als reinste Glücksenergie über meinen ganzen Körper verteilt.

Wie im Bild zu Beginn dieses Kapitels dargestellt, nehme ich das Kronenchakra als gold strahlendes Gebilde wahr, dessen Form einem Trichter ähnelt. Das strahlendste und filigranste Kronenchakra durfte ich bisher bei Jesus Christus sehen, als mir in einer Vision seine Kreuzigung und Auferstehung gezeigt wurde.

Wer die Augen für die geistige Welt geöffnet bekommt, wird merken, dass er dort nicht nur liebevolle, angenehme Bilder vorfindet. Gut zu wissen ist dabei, dass wir Menschen niemals Angst haben müssen vor dem, was wir mit unserem geistigen Auge wahrnehmen werden. Manchmal kommt es vor, dass ich auch Wesen sehe, die weit von der Liebe Gottes entfernt sind und erschreckende Gestalten aufweisen; oder mir werden Verstorbene gezeigt, die noch nicht ins Licht heimgegangen sind. Dabei nehme ich ihre innere Gefühlswelt wahr, die sich mir symbolhaft in bildlicher Form zeigt. Diese Bilder können sehr unschön sein; aber sobald ich Gott, Jesus Christus und Erzengel Michael um Schutz und Hilfe rufe, und um Segen für die lichtbedürftigen Seelen bete, darf ich immer erleben, wie große Lichtgestalten der Liebe kommen, die diese Seelen einhüllen und mitnehmen. Egal welches Wesen dir jemals im Geiste begegnen sollte: Rufe Gott, denn die Kraft der Liebe ist immer stärker!

Christuswunder in deinem Leben

Liebe Leserin, lieber Leser, ist dir Jesus Christus oder ein anderes göttliches Wesen schon einmal erschienen? Kannst du deine innere Stimme hören? Glaubst du, dass du auch Botschaften von Jesus Christus höchstpersönlich empfangen kannst? Ich sage dir aus vollster Überzeugung: All dies ist möglich! Falls du jetzt skeptisch sein solltest, kann ich dich bestens verstehen. Auch mir ging es lange Zeit so, dass ich mich immer wieder fragte: „Wer bin ich schon, dass mir solch ein Wunder zuteil werden sollte?"

Gott sei Dank änderte sich meine Einstellung, als ich voller Demut die Güte und Größe Gottes in mir kennenlernen und erfahren durfte. Da es bei mir, einem ganz normalen Menschen, funktioniert und Christuswunder ein wunderbarer Bestandteil meines Lebens geworden sind, bin ich felsenfest davon überzeugt, dass es auch bei dir, falls nicht bereits geschehen, funktionieren wird. Die ICH-BIN-Gegenwart in deinem Inneren, dein göttlicher Wesensteil, hilft dir, demütig deine göttlichen Fähigkeiten, deine himmlische Genialität, anzuerkennen. Jegliche Selbstzweifel müssen sich auflösen, wenn du ihnen dein göttliches ICH BIN gegenüberstellst. Diese Wahrheit habe ich selbst erfahren, als ich von meiner göttlichen Führung den Auftrag für diese Buch-Reihe empfing:

Der göttliche Auftrag für „Die 3D-Methode für dein Glück"

Es war ein Tag, an dem ich voller Liebe zu Gott – beseelt von dem Wunsch, ihm und dem Wohl seiner Schöpfung zu dienen – wieder einmal in den Himmel rief: „Geliebter Gott, hier bin ich. Was kann ich für dich tun?" Im nächsten Augenblick hörte ich in mir die himmlische Antwort: „Schreibe ein neues Buch für mich. Es soll ein Buch über Wunder werden." (Ursprünglich war das Werk „Die 3D-Methode für dein Glück" ein Buch, das ich später in drei Bände aufteilte, weil sein Umfang immer größer wurde.) Als ich mich nun ins Gebet versenkte und die ersten Texte dafür durch meine innere Stimme empfing, stellte ich fest, dass neben meinem Lieblingsthema „Dankbarkeit" noch zwei weitere Themen immer wieder vorkamen: „Demut" und „Dienen". Doch darüber, dachte ich, wüsste ich nicht viel. „Was habe ich der Welt über diese beiden Themen zu sagen?", fragte ich mich.

Meine Zweifel, dem göttlichen Auftrag gerecht zu werden, wurden noch größer, als sich herausstellte, dass ich in diesem Buch über Jesus Christus und sein Wunderwirken schreiben sollte. Immer wieder fragte ich mich: „Wer bin ich, dass ich über das Wirken dieses wundervollen, göttlichen Menschen Jesus Christus ein Buch schreiben kann? Woher weiß ich, wie er damals wirklich gewirkt hat?" Meine innere Führung antwortete mir mit folgenden Worten:

**ICH BIN die Christuskraft,
die jetzt in mir erwacht
und durch mich das Wunder schafft.**

Immer wieder sagte ich mir jetzt diesen Satz vor. Dabei stellte ich fest, dass er in mir eine große Kraft und eine freudige Zuversicht erzeugte. Mir wurde klar: Jeder Mensch ist fähig, jedes Wunder zu tun, wenn er der Christuskraft erlaubt, in ihm zu erwachen. Dieser göttliche Satz stärkte meine Demut und half mir, schließlich meine Selbstzweifel zu überwinden, die sich anfangs immer wieder hartnäckig zu Wort meldeten. So sagte ich zum Beispiel eines Tages zu Gott: „Mein höchster Wunsch ist es, dir und dem Wohl all deiner Geschöpfe zu dienen. Ich will Liebe, Frieden und göttliches Glück in das Leben der Menschen bringen. Ich will den Menschen Licht und göttliche Weisheit bringen. Auf keinen Fall will ich etwas Unwahres verbreiten. Bin ich wirklich fähig, dieses Buch nach deinem Willen zu schreiben?" Gott antwortete mir diesmal, indem er mir den Impuls gab, die Bibel in die Hand zu nehmen. Ich konzentrierte mich auf ihn und dankte im Voraus für seine Botschaft an mich. Dann schlug ich eine Seite auf und las folgende Worte:

Der Gott unserer Vorfahren hat dich erwählt, seinen Willen zu erkennen, seinen Sohn zu sehen und ihn zu hören. So wirst du vor allen Menschen sein Zeuge sein, weil du ihn selber gesehen und gehört hast. Zögere also nicht länger! ...
Apostelgeschichte 22,14-16

Das tröstende, heilende Christus-Lichtoval

Tatsächlich war mir Jesus Christus schon öfters auf verschiedene Weise erschienen, zum Beispiel vor ein paar Jahren nachts in einem dunklen Raum, als es mir schlecht ging: Ganz unerwartet stand er in voller Lebensgröße in einem Lichtoval vor mir und lächelte mich liebevoll an. Dabei strahlte er seinen himmlischen Frieden in mich ein, der mich tief berührte und mir die Gewissheit schenkte, dass sich nun alles zum Guten ändern würde.

Und genauso war es. Unmittelbar nach der Erscheinung ging es in meinem Leben aufwärts und meine Schwierigkeiten lösten sich innerhalb weniger Tage auf.

Dies war meine erste Christus-Erscheinung, bei der ich ihn mit meinen physischen Augen so deutlich sehen durfte, als ob ein echter Mensch vor mir gestanden wäre. Damals hatte ich mehrere Monate lang dafür gebetet, dass Jesus Christus sich mir zeigen möge. Es war ein sehr inniger Wunsch gewesen. Etwa ein halbes Jahr später sah ich auf einem Poster eine Darstellung des kosmischen Christus, die meiner Christuserscheinung sehr ähnlich sah.

Aus dem Schlaf geweckt von Jesus Christus

Trotz solcher bisheriger Gnadenerlebnisse wünschte ich mir sehnlich ein deutliches Zeichen von Gott für meinen neuen Auftrag, dieses Buch zu schreiben: Deshalb betete ich zu Jesus Christus: „Mein geliebter göttlicher Meister, wenn du es bist, der mich inspiriert, dieses Buch zu schreiben, dann gib mir einen ganz deutlichen Beweis. Erscheine mir heute Nacht! Danke!"

In dieser Nacht wachte ich auf und war sofort hellwach. Dies ist für mich sehr ungewöhnlich, da ich normalerweise mindestens acht Stunden durchschlafe, ohne ein einziges Mal aufzuwachen. Überrascht blickte ich ins dunkle Schlafzimmer und sah erst einmal nichts, da die Roll-Läden und die Tür geschlossen waren.

Doch plötzlich erschien vor meinem dritten Auge, das sich zwischen den Augenbrauen befindet, ein helles Licht. In diesem Licht formierte sich das Bild von Jesus Christus, das auf meinem Schreibtisch steht. Deutlich sah ich nun mit offenen und geschlossenen Augen seinen Kopf in Lebensgröße direkt vor meiner Stirn. Jesus lächelte mich eine Zeit lang liebevoll an und strahlte Freude und Frieden in mein Herz. Dann wechselte das Bild in ein anderes Bild von Jesus, das ich vor einiger Zeit bei einem Freund gesehen hatte. Auch dieses Bild sah ich ganz deutlich mit offenen und geschlossenen Augen, bis es sich kurz darauf vor meinen

Augen auflöste. Nun war auch das Licht verschwunden und es war wieder ganz dunkel in meinem Schlafzimmer. Glücklich und zutiefst dankbar für dieses deutliche Zeichen von Jesus schlief ich sofort wieder ein.

Das durchlichtete Turiner Grabtuch

Etwa ein Jahr später wiederholte sich dieses Erlebnis ganz unerwartet in ähnlicher Weise: Wieder wachte ich eines Nachts auf und war wie beim vorigen Mal sofort hellwach. Im Raum war es auch diesmal ganz dunkel, weil die Roll-Läden geschlossen und die Lampen ausgeschaltet waren. Ich bemerkte, dass sich meine Aufmerksamkeit auf die Stelle zwischen meinen beiden Augenbrauen richtete. Denn hier nahm ich wahr, dass vor meiner Stirn ein Licht durchstrahltes Tuch schwebte, das schemenhaft die Gesichtszüge von Jesus Christus wiedergab. Sofort erkannte ich ihn an seiner Energie und freute mich sehr über sein Erscheinen. Doch ich wunderte mich darüber, wie er sich mir diesmal präsentierte, denn so hatte ich ihn noch nie zuvor gesehen: Das, was ich auf dem Licht durchstrahlten Tuch sah, wirkte etwas düster und unlebendig auf mich – auch vermisste ich den liebevollen Blick seiner sonst so strahlenden Augen; sie waren dieses Mal geschlossen.

Mehrmals öffnete und schloss ich meine eigenen physischen Augen, aber das ungewöhnliche Bild blieb unabhängig davon beständig längere Zeit vor meiner Stirn deutlich sichtbar: mit offenen Augen ebenso wie mit geschlossenen Augen. Als das Bild nach einiger Zeit verschwand, wurde es augenblicklich wieder ganz dunkel im Schlafzimmer und ich schlief mit Seelenfrieden im Herzen sofort wieder ein.

Am nächsten Tag ging ich zu meinem Arbeitspartner Michael, um mit ihm ein Arbeitsprojekt zu besprechen. Er wusste nichts von meinem nächtlichen Erlebnis. Als ich nichtsahnend sein Arbeitszimmer betrat, rief ich erstaunt aus: „Da ist es ja wieder, das Bild von heute Nacht!" Denn auf Michaels Maltisch entdeckte ich ein Blatt Papier, das Jesus Christus genau in der gleichen Weise wiedergab, wie er sich mir in der vergangenen Nacht gezeigt hatte. „Was ist das und wie kommt es hierher?", fragte ich Michael höchst verwundert, weil ich dieses ungewöhnliche Jesus-Bild außer in meiner Vision der vergangenen Nacht noch nie zuvor gesehen hatte: weder bei Michael noch sonst irgendwo. „Das ist eine Abbildung des Turiner Grabtuches", erklärte mir Michael, „es zeigt den Kopf des gestorbenen Jesus Christus. Ich habe es gerade in einer meiner Mappen gefunden und möchte es bei mir aufhängen." Während Michael mir aufgrund meiner Nachfragen noch mehr über das Turiner Grabtuch erzählte, schaute ich nachdenklich die Abbildung dieses rätselhaften Tuches längere Zeit an und dankte Christus für sein ungewöhnliches Erscheinen und diese bestätigende Fügung.

Alle Menschen haben das Potenzial, Jesus Christus zu sehen.
Er wartet darauf, dir erscheinen zu dürfen!

Wenn du dich von ganzem Herzen danach sehnst und dafür betest, wird dir Jesus Christus erscheinen. Er liebt dich unbeschreiblich und freut sich sehr, wenn du ihn rufst. Jesus wünscht sich, dass du ihn als geliebten Bruder, als treuen Freund erkennst, der dich tröstet, der dir neue Kraft gibt, der dir Freude schenkt.

Lasse dich nicht abschrecken, falls manche Menschen meinen, Jesus Christus könnten nur wenige Auserwählte sehen oder hören. Das stimmt nicht! Jesus Christus kann dir auf verschiedenste Weise begegnen, wie die beiden folgenden Erlebnisse zeigen, die zwei meiner Freunde vor einiger Zeit erlebt haben:

Der gute Hirte im Wohnzimmer

Mein Freund Harald ist ein liebenswürdiger Herr Anfang 70, der mit beiden Beinen fest im Leben steht. Seine fröhliche, hilfsbereite Art brachte ihm schon viele Freunde ein – und eines Tages auch eine interessante Partnerin, die ihn auf den spirituellen Weg führte. Doch nach vielen Jahren harmonischer Partnerschaft eröffnete sie Harald eines Tages, dass sie ihn wegen eines anderen Mannes verlassen werde. Für Harald brach damit die Welt zusammen. Er geriet in eine schwere Trennungs-Depression, aus der er alleine nicht mehr herausfand. Wie der Himmel ihm half, berichtet er hier selbst:

Nachdem sich meine langjährige Partnerin von mir unerwartet getrennt hatte, habe ich wochenlang Phasen schwerer Depressionen durchgemacht. Ich wusste nicht mehr weiter und sah keinen Lebenssinn mehr. In meiner Not habe ich gebetet, dass Christus oder Gott mir hilft. Ich suchte Hilfe beim Himmel, weil ich einfach nicht mehr weiterwusste. Ich war sehr verzweifelt, saß in meinem Sessel im Wohnzimmer und hatte die Augen geschlossen. Plötzlich tauchte ein inneres Bild in mir auf:

Vor meinen inneren Augen erschien eine Gestalt, die ich sofort als Christus erkannte. Eine sehr tiefe Ausstrahlung ging von dieser Erscheinung aus. Christus hatte ein hellblaues Gewand an und hielt einen braunen Stab in der Hand. Er wirkte wie ein Hirte. Er kam auf mich zu und nahm mich richtig in den Arm. Es war ein seelisches Spüren. Es war sehr wohltuend und fühlte sich sehr warm an.

Von diesem Moment an ging es mir wesentlich besser. Die Depressionen waren aufgelöst. Durch diese Begegnung habe ich neue Kraft bekommen und mein Leben ging daraufhin in eine sehr positive Richtung. Es war, als ob ich wieder Grund unter den Füßen hatte. Die schweren Depressionen blieben von da an vollkommen weg. Das Leben war wieder wesentlich leichter.

Harald

Das Jesus-Baby, das in jubelnde Freude gebettet war

Mein Freund und Arbeitspartner Michael meditiert seit 40 Jahren in der Regel jeden Morgen über Begriffe wie Leichtigkeit, Licht, Liebe, Frieden, Fülle, Schönheit, Vollkommenheit ... „Dabei entsteht in mir im Laufe der Meditation ein zartes bis intensives Erleben der betreffenden Qualität", beschreibt Michael die Wirkung seiner geistigen Übung. „Immer wieder variiere ich die Worte oder kurzen Sätze meiner Meditation; je nach Tag spricht mich dieses oder jenes Wort mehr an."

Gerade während ich an diesen Buchseiten arbeitete, klingelte mein Telefon und Michael erzählte mir, dass er heute beim Walken in der Natur über einen erhebenden Satz meditiert hat, wobei er seine Schritte mit seinen Gedanken synchronisierte – bei jedem Schritt etwa eine Silbe:

**Je-sus Chris-tus,
in mir, um mich und über-all,
dan-ke für Lie-be, Freu-de, Fül-le, Schön-heit, Kraft.**

Je länger Michael über solche Begriffe meditiert, umso mehr erlebt er ihre Energie. Allerdings ist er ein Mensch, der mit seinem Aszendenten Waage die ausgleichende Mitte anstrebt und lange Zeit extreme Emotionen wie die jubelnde Freude bewusst vermieden hat. „Ich will mich schon freuen, aber nur vorsichtig", gab mir Michael zu verstehen.

Entgegen Michaels Einstellung sagt mir meine geistige Führung immer wieder: „Freut euch so viel und so oft ihr könnt. Dies hebt eure Schwingung, wodurch wir besser mit unserer göttlichen Energie an euch herankommen." Auf diesen Rat meiner Engel hin beschloss Michael, seine Gefühlswelt nach oben hin zu öffnen und mehr jubelnde Freude zuzulassen, die bisher eher nicht zu seinem Erleben zählte. So kam es, dass er im Herbst 2011 das folgende beglückende Erlebnis hatte:

Wie jeden Morgen meditierte ich an diesem Tag über kurze Begriffe, weil die kürzesten Formulierungen bei mir die intensivste Wirkung haben. Es waren die vier Begriffe **Christus, Freude, Liebe, Dankbarkeit**, die ich zeitweise auch zu einem ganzen Satz ausdehnte:

Jesus, Christus, Gott in mir,
Liebe, Freude, Dank sei dir.

Als ich etwa 25 Minuten in dieser Weise abwechselnd meditiert hatte, durfte ich etwas erleben, das sonst nicht zu meinem Erfahrungsbereich zählt: Meine Freude wurde sehr groß, fast leise jubelnd. Ganz erfüllt von dieser starken Freude sah ich plötzlich mit meinen geschlossenen Augen ein Baby vor mir und fühlte mich sicher: Das ist Jesus. Es war nur ein kurzer Augenblick, aber trotzdem für mich klar erfassbar. Diese himmlische Stimmung begleitete mich noch eine Zeitlang an diesem besonderen Tag.

Michael

Alle Menschen haben das Potenzial, Jesus Christus zu hören.
Er wartet darauf, dass du mit ihm redest!

Du kannst mit Jesus Christus jederzeit auch alles besprechen, was dir am Herzen liegt. Rede einfach in Gedanken oder laut mit ihm. Sobald du an ihn denkst, ist er bei dir. In Jesus hast du immer einen liebevollen Zuhörer. Er versteht dich und hat für alles eine großartige Lösung, weil er mit Gott eins ist.

Wenn du seine Botschaften empfangen willst, bete vorher um Gottes Schutz, Führung und Segen und danke für die göttliche Verbindung zu Jesus Christus. Und dann vertraue demütig darauf und freue dich auf den Kontakt mit deinem gottverwirklichten Bruder.

Einer meiner Freunde, der Pfarrer ist, freut sich über jeden, der Jesus Christus in sein Leben einbezieht und mit ihm spricht. Dagegen sagte ein anderer Pfarrer eines Tages zu mir entrüstet: „Wo kämen wir denn da hin, wenn jeder Jesus Christus hören könnte. Dann könnte ja jeder behaupten, dass er von ihm Botschaften erhalte. Da bin ich strikt dagegen, denn Charismen gehören in Kirchenämter."

Diese Ansicht des Pfarrers entspringt einem Machtdenken, das nicht im Sinne Gottes ist. Denn jeder Mensch hat von Gott die Fähigkeit geschenkt bekommen, mit Vater-Mutter-Gott, mit Christus und gottverwirklichten Menschen wie Jesus Christus selbst Verbindung aufzunehmen. Dazu musst du kein Schriftgelehrter oder Amtsträger sein. Die demütige Hingabe an das Göttliche in deinem Herzen ist der Weg, die Botschaften der Liebe zu empfangen. Schließlich will Jesus Christus nicht nur mit wenigen Auserwählten sprechen, sondern mit allen Menschen in Kontakt treten. Jeder Mensch hat das Recht, seine segensreichen, Frieden bringenden Worte zu hören und ihre tröstende, heilende Wirkung zu genießen.

Wo kommen wir also hin, wenn jeder Jesus Christus in seinem Inneren hören kann? Zum Getröstetsein! Zum Heilsein! Zum Frieden im Herzen und zum Frieden in der Welt! Seine liebevollen Worte sind ein Segen für jeden. Als dein Bruder will Jesus dir sagen:

> Mein Ziel vor 2000 Jahren war es, allen Menschen ein Beispiel zu geben und ihnen als Vorbild und Lehrer zu dienen. Ich wollte zeigen, zu welchen Taten der Mensch fähig ist, wenn er sich seiner heiligen ICH-BIN-Gegenwart bewusst wird und sie durch sich wirken lässt. Da in dir und in allen Menschen dasselbe ICH BIN gegenwärtig ist, ermächtigt es auch dich und jeden Menschen, die gleichen Dinge zu tun, wie ich sie getan habe. Denn nicht ich, sondern Vater-Mutter-GOTT IN MIR, das ICH BIN, vollbrachte durch mich die Werke auf der Erde.
>
> *Jesus*

Ein Meister der Demut

Von unserem gottverwirklichten Bruder Jesus Christus können wir Menschen wahre Demut lernen:

♡ Er erkannte die unfassbare gigantische Macht Gottes an.

♡ Er empfing von Vater-Mutter-Gott bereitwillig den heiligen Christusgeist und ließ den göttlichen Geist durch ihn die größten Wunder tun.

♡ Er blieb sich dennoch bewusst, dass die Wunder wirkende Kraft nicht von ihm selbst, sondern von GOTT IN IHM, von seiner ICH-BIN-Gegenwart, kam.

Liebe Leserin, lieber Leser, Jesus Christus reicht dir als dein älterer Bruder die Hand. Er bietet dir seine Hilfe an, die göttliche Eigenschaft der Demut in deinem Herzen vollkommen zu entfalten. Und er verspricht dir, dass du mit demütiger Hingabe an das Göttliche dieselben Wunder wie er tun kannst – und noch viel mehr!

Ich versichere euch: Jeder, der mir vertraut, wird die gleichen Taten vollbringen wie ich – ja, sogar noch größere ...
Johannes 14,12

Wer mir vertraut, der vertraut in Wahrheit dem, der mich gesandt hat.
Johannes 12,44

Wenn wir Menschen auf die Hilfe von Jesus Christus vertrauen, glauben wir in Wahrheit daran, dass Gott uns durch unseren Bruder Jesus hilft. Da Jesus uns den göttlichen Weg vorausgegangen ist, kann er uns darin unterstützen, uns für die Christuskraft, die göttliche Schöpferkraft, ganz zu öffnen. Dann kann Christus in uns voll in Aktion treten und wir werden zum König, zum bewussten Schöpfer unseres Lebens. Selbstbewusst, dem

CHRISTUS in uns BEWUSST, können wir, wie Jesus es vor 2000 Jahren tat, dann mit Überzeugung sagen:

ICH BIN (GOTT IN MIR ist) ein König.
Johannes 18,37

Entfalte dein göttliches Potenzial

Als dein dich liebender Bruder sieht der gottverwirklichte Meister Jesus Christus dein großes Potenzial, das in dir steckt. Er weiß, dass du damit fähig bist, dein eigenes Glück zu erschaffen und am Glück deiner Mitmenschen mitzuwirken, ja dem Wohl aller Wesen zu dienen. Deshalb will er dich auf liebevolle Weise lehren, deine göttlichen Eigenschaften zu entwickeln, zu denen neben der Demut auch die Dankbarkeit im Herzen (das zweite D deines Glücks) zählt. Wenn du es Jesus Christus erlaubst, wird er dich auf den Weg der göttlichen Meisterschaft führen. Es ist sein tiefer Wunsch, dass du genauso wie er ein göttlicher Meister wirst, der alle göttlichen Eigenschaften meisterlich beherrscht. Deshalb ruft er dir zu:

Dein Glück ist mein Ziel, weil ich dich liebe. Lass uns von nun an gemeinsam dein Leben meistern. Liebevoll führe ich dich auf deinem göttlichen Weg und helfe dir, dein großartiges göttliches Potenzial zu entfalten. Lass das Licht deiner Liebe weit hinausstrahlen. Ich danke dir dafür. Du bist ein großer Segen für die Welt!

Jesus

Das Glück der Demut in Kürze

Mit Demut im Herzen ...

... erkenne ich an, dass Gott allmächtig ist und alles für mich tun kann; denn Gott ist der Geist der Liebe und Liebe ist die stärkste Kraft der Welt.

... entwickle ich als geliebtes Kind des allmächtigen Schöpfergottes, der mein göttlicher Vater und meine göttliche Mutter zugleich ist, ein großes Selbstwertgefühl, ein göttliches Selbstbewusstsein.

... achte ich mich trotz meiner Fehler und weiß, dass ich das höchste Glück immer verdiene und ein göttliches Anrecht darauf habe.

... wende ich mich vertrauensvoll Gott zu und fordere seine Hilfe mit kindlich-freudigem Herzen, das selbstverständlich davon ausgeht, dass das Gewünschte zum Wohle aller gelingen wird, weil Mami-Papi-Gott schließlich alles kann.

... tue ich das erhaltene Glück nicht als „Zufall" ab, sondern erkenne darin Gottes Wirken speziell für mich. Sein Geschenk, das er mir zufallen lässt, nehme ich freudig an.

... erlebe ich, dass Gott mich umso reicher beschenkt, je mehr ich meinen hohen Wert erkenne und mich selbst wertschätze.

... werden Menschen in mein Leben treten, die meinen Wert schätzen und mich göttlich gut behandeln.

... werden Menschen, die mich demütigen, aus meinem Leben verschwinden.

... weiß ich, dass Gott mir zu meinem göttlichen Recht verhilft.

... kann ich meinen „Feinden" alles verzeihen, weil ich an das Gute in ihnen glaube, ihr göttliches Potenzial sehe und ich weiß, dass sie mir dienen.

... fühle ich mich geborgen, bestens rundherum versorgt und geschützt in der Liebe meiner göttlichen Eltern.

... kann ich meine Wünsche loslassen und Gottes Willen geschehen lassen, weil ich weiß, dass er alles für mich und für alle zum Besten führt.

... habe ich den Mut, ehrlich zu sein, weil ich weiß, dass ich mir damit die Reichtümer des Himmels schon auf Erden verdiene.

... habe ich die Größe, offen zuzugeben, dass mir ohne Gott nichts, aber mit Vater-Mutter-Gott alles möglich ist.

... finde ich den Weg zur unbekannten Lösung: durch mein freudiges Vertrauen, das mir die nötigen Fügungen ins Leben bringt.

... habe ich den Mut zum „Unschaffbaren", weil ich mir Gott und seine Diener zu meinen Projektpartnern mache. Mit der Hilfe von Jesus Christus und unzähligen himmlischen und irdischen Engeln, die mir Gott zur Seite stellt, bin ich zu außergewöhnlichen Höchstleistungen fähig.

... entdecke ich die ganze Macht des Himmels, das göttliche ICH BIN, in meinem Inneren. Ich öffne mich ganz bewusst für die Christuskraft und erlaube Gott, in mir und durch mich zu wirken. So kann ich wie Jesus Christus Wunder geschehen lassen.

... entfalte ich mein göttliches Potenzial und wachse, ohne hochmütig zu werden, in meine göttliche Größe hinein.

... werde ich von Herzen dankbar; denn ich weiß, dass alles allein von Gottes Gnade abhängt. All das Gute an mir und in meinem Leben könnte ich aus eigener Anstrengung niemals erreichen; sie sind Geschenke Gottes an mich, die ich ihm zu verdanken habe.

Liebe Leserin, lieber Leser,

das Glück der Dankbarkeit, das zweite D deines Glücks, findest du in Band 2 der Reihe „Die 3D-Methode für dein Glück". Darin warten auf dich zahlreiche Wunder volle, ergreifende und beflügelnde Erlebnisse und Glück bringende Botschaften für dein Leben.

Bis bald *Deine Angela*

PS: Bis dahin kannst du schon mal mit freudigem Kinderherzen deine göttliche Größe voll zum Einsatz bringen und Glück für dich und deine Mitwelt erschaffen.

**Verbinde dich mit Gottes Kraft,
die für dich das Wunder schafft.**

**Vollbringen kannst du große Werke,
die Christuskraft gibt dir die Stärke.**

**Was Jesus, dein Bruder, hat getan,
kannst auch du tun. Fang jetzt an!**

Angela Schäfer